铭记中前行

1931
—
1945

胜利80周年

暨世界反法西斯战争

念中国人民抗日战争

前行：抗战英烈事迹选》编写组 编

抗战英烈事迹选

新华出版社

图书在版编目（CIP）数据

铭记中前行：抗战英烈事迹选 /《铭记中前行：抗战英烈事迹选》编写组编 .
北京 : 新华出版社 , 2025. 4.
ISBN 978-7-5166-7950-0

Ⅰ . K820.6

中国国家版本馆 CIP 数据核字第 2025QK1006 号

铭记中前行：抗战英烈事迹选

编者：《铭记中前行：抗战英烈事迹选》编写组
出版发行：新华出版社有限责任公司
（北京市石景山区京原路 8 号　邮编：100040）
印刷：三河市君旺印务有限公司

成品尺寸：170mm×240mm　1/16　　印张：22.25　字数：256 千字
版次：2025 年 6 月第 1 版　　　　印次：2025 年 8 月第 2 次印刷
书号：ISBN 978-7-5166-7950-0　　定价：68.00 元

微店　　视频号小店　　抖店　　京东旗舰店　　请加我的企业微信

微信公众号　　喜马拉雅　　小红书　　淘宝旗舰店　　扫码添加专属客服

目 录　CONTENTS

童长荣

早期为抗日救国捐躯的民族英雄

童长荣，1907年出生在安徽省枞阳县，14岁考入安徽省立第一师范学校。1924年加入中国共产党。1925年，考入日本东京帝国大学。1926年春成为中共日本特别支部负责人。1928年，童长荣回国，先后担任中共上海沪中区委书记、中共河南省委书记、中共天津市委书记、中共大连市委书记等职。1934年3月21日，身患重病的童长荣和部队被敌人包围，他坚守在阻击敌人的一线，腹部中弹后仍继续战斗，直至牺牲，年仅27岁。

对于我们共产党员来说，不死，革命工作就算没完。死了之后，也要给后代留下一条往前走的路。

——童长荣

在安徽枞阳县枞阳镇东寺巷的一处老民宅内，81岁的童承英像当地的普通老人一样过着朴素、简单的生活。家中最醒目的就是入门可见的"革命烈士证明书"和她的父亲童长荣的肖像。2015年9月3日，童承英作为安徽抗日英烈子女代表之一，参加了在北京天安门广场举行的抗战胜利70周年阅兵式。

"父亲虽然很早就牺牲了，但是他为革命事业做出了贡献，留给了我们子孙后代宝贵的精神财富，我们全家引以为荣。"童承英说，她常常将父亲的事迹讲述给儿孙听，教育他们要把革命精神代代传承下去。

童长荣，1907年出生在安徽省枞阳县，14岁考入安徽省立第一师范学校。就读期间，童长荣积极参加学运斗争，加入社会主义青年团，踏上了革命道路。1924年加入中国共产党。1925年考入日本东京帝国大学，与东京的中共党组织取得了联系。1926年春成为中共日本特别支部负责人。1928年5月，日军枪杀中国军民，制造了"济南惨案"，童长荣领导爱国志士组织"中国留日各界反日出兵大同盟"，掀起声势浩大的反日活动，遭到日本当局逮捕，后被驱逐出境。

1928年，童长荣回国，先后担任中共上海沪中区委书记、中共河南省委书记、中共天津市委书记、中共大连市委书记等职。

1931年"九一八事变"后，民族存亡进入关键时刻，为加强对东北抗日的领导，中国共产党抽调大批骨干力量紧急赶到东北各地。童长荣等人第一批接受发展武装斗争的任务，被任命为东满特委书记。

在艰苦卓绝的东北地区抗日战争中，童长荣组织创建反日游击队，团结各方力量结成抗日统一战线，为东满后来的抗日奠定了良好基础。童长荣非常重视东满地区的党团组织建设，形成了县委、区委、游击大队的党委会，中队的党支部，小队的党小组等比较健全的组织网络。到 1933 年 3 月，东满地区党员人数已达到 1200 余人，几乎占当时东北党员总数的一半，成为东满抗日斗争的中坚力量。令人钦佩的是，1933 年前后，东满特委与满洲省委有近一年时间联系几乎中断，年轻的童长荣完全凭着自己多年革命斗争中形成的政治素质、辨别能力，独立支撑着东满的抗日局面。

　　然而，童长荣积劳成疾，患有严重肺结核病，几次大口吐血，生命垂危。1934 年 3 月 21 日，身患重病的童长荣和部队被敌人包围，他坚守在阻击敌人的一线，腹部中弹后仍继续战斗，直至牺牲，年仅27 岁。1935 年 8 月 1 日中共中央在《为抗日救国告全体同胞书》中，称他是为抗日救国而捐躯的民族英雄。

李学忠

烈火淬炼真男儿

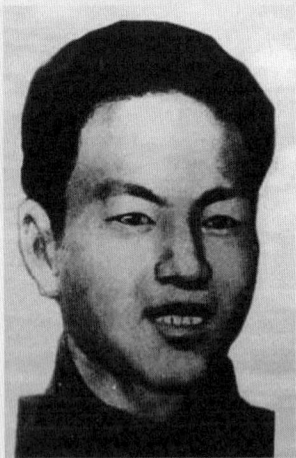

李学忠，又名李宗学，1910 年出生在山东掖县。早年到东北谋生。后在吉林等地从事革命活动。1931 年 "九一八事变" 后赴苏联学习，并加入中国共产党。1936 年 3 月，东北人民革命军第 2 军改编为东北抗日联军第 2 军，李学忠任政治部主任。同年 8 月，他率部到辽宁省抚松县大碱场兵工厂开展工作，突遭日军 "讨伐队" 袭击。李学忠指挥部队奋勇反击，激战中，李学忠身负重伤牺牲，年仅 26 岁。

我们要同日本帝国主义进行坚决的斗争，就要团结各族人民的力量，只有把广大人民团结起来一起抗日，才能把日本侵略者赶出去。这是我们党的政治主张，这个主张到任何时候都不能变……

——李学忠

　　87年前，日本军国主义悍然发动"九一八事变"，占领我国东北地区。为了拯救民族危亡，无数仁人志士前仆后继。东北抗日联军第2军政治部主任李学忠，就是其中的一个。

　　李学忠，又名李宗学，1910年出生在山东掖县。早年到东北谋生。后在吉林等地从事革命活动。1931年"九一八事变"后赴苏联学习，并加入中国共产党。

　　1934年冬，李学忠回国赴东满地区工作。1935年5月30日，东北人民革命军第2军正式成立，王德泰任军长，魏拯民任政治委员，李学忠任政治部主任。在李学忠的主持下，第2军政治部发表了《告民众书》和《告各反日部队书》，号召广大群众和人民革命军等抗日武装联合起来，开展各种形式的反日斗争，打倒日本帝国主义，完成抗日救国的伟大任务。

　　此时的抗日武装根据地，斗争形势十分严峻。自5月起，日寇便调集重兵对根据地进行大规模的封锁与扫荡。为打破敌军的封锁，集聚更多抗日力量，成立不久的第2军开始西征。李学忠主动请缨，率领两个连150余人组成远征队，希望打通与杨靖宇的东北人民革命军第1军联系。经过艰苦跋涉与多次血战，10月初李学忠的远征队在濛江那尔轰与杨靖宇部胜利会师。东满、南满两大游击区，由此有了紧密的联系。这为东北抗日联军第一路军和南满省委的成立，打下良好的基础。

　　1936年3月，东北人民革命军第2军改编为东北抗日联军第2军，李学忠任政治部主任。同年8月，他率部到辽宁省抚松县大碱场兵工厂开展工作，突遭日军"讨伐队"袭击。李学忠指挥部队奋勇反击，激战中，李学忠身负重伤牺牲，年仅26岁。

战争的硝烟散去多年，曾经满目疮痍的土地早已花团锦簇，但人们没有忘记那些为之奋斗却无缘得见的烈士们。1985 年 7 月，中国抗日战争胜利 40 周年，抚松县人民政府在一片青松翠柏环绕的向阳坡地上，为李学忠树立了一座纪念墓碑。时至今日，这里已成为当地的红色教育基地。

李学忠的故乡，早已变换了模样。当年的掖县，已成为今天的烟台莱州市。近年来，英雄故里民生事业获得长足进步，在烟台率先实现了义务教育校服免费、免除职业学校学费、普及农村小学校车服务等。地区生产总值先后突破 600 亿元、700 亿元关口，目前正全力打造市强民富、宜居文明的新莱州。

赵一曼

白山黑水除敌寇
甘将热血沃中华

赵一曼，原名李坤泰，1905 年 10 月 25 日出生在四川宜宾的一个地主家庭。1923 年冬，赵一曼加入中国社会主义青年团。1926 年夏加入中国共产党。1935 年秋，赵一曼任东北抗日联军第 3 军 1 师 2 团政治委员。11 月间，第 2 团被日伪军围困于一座山间。赵一曼为掩护部队突围，身负重伤，养伤期间被日军发现，战斗中再度负伤，昏迷被俘。1936 年 8 月 2 日，赵一曼壮烈牺牲，年仅 31 岁。

宁儿啊！赶快成人，来安慰你地下的母亲！我最亲爱的孩子啊！母亲不用千言万语来教育你，就用实行来教育你。在你长大成人之后，希望不要忘记你的母亲是为国牺牲的！

——赵一曼

2018年9月17日晚，大型话剧《赵一曼》在宜宾学院上演，现场500多名烈士故乡的师生们无不为烈士的英雄事迹所感动。

这部由四川省宜宾市、叙州区（原宜宾县）与四川人民艺术剧院联合创作的大型话剧，历时五年精心打磨，于2016年8月在成都首演，至今已在北京、上海、黑龙江和四川省内演出70多场。

赵一曼，原名李坤泰，1905年10月25日出生在四川宜宾的一个地主家庭。五四运动爆发后，赵一曼开始阅读《向导》《新青年》《妇女周报》等革命书刊，接受革命新思想。1923年冬，赵一曼加入中国社会主义青年团。1926年夏加入中国共产党。同年11月，她进入武汉中央军事政治学校学习。

1927年9月，赵一曼前往苏联莫斯科中山大学学习。次年回国后，在宜昌、南昌和上海等地秘密开展党的工作。

1931年"九一八事变"后，赵一曼被派往东北地区发动抗日斗争。她先后任满洲总工会秘书、组织部长，中共滨江省珠河县中心县委特派员、铁北区委书记，领导工人进行罢工运动，组织青年农民反日游击队与敌人进行斗争。她能文能武，机智过人。为了启发工人、妇女觉悟，她不时创作一些文艺作品在地下刊物上发表。

1935年秋，赵一曼任东北抗日联军第3军1师2团政治委员。11月间，第2团被日伪军围困于一座山间。赵一曼为掩护部队突围，身负重伤，养伤期间被日军发现，战斗中再度负伤，昏迷被俘。

被俘期间，日军对赵一曼施以酷刑，用钢针刺伤口，用烧红的烙铁烙皮肉，逼其招供。她宁死不屈，严词痛斥日军侵略罪行。为了得到口供，日军将她送进医院监护治疗。在医院里，她积极宣传抗日救国的道理，教育争取看护和看守人员。1936年6月28日，赵一曼在医院看护和看守帮助下逃出医院，但很快被追敌再度抓捕，受到更加残酷的刑讯。

1936 年 8 月 2 日，赵一曼被押上去珠河的火车。她知道最后的时刻到了。在这最后的时刻，她给心爱的儿子写下遗书："宁儿啊！赶快成人，来安慰你地下的母亲！我最亲爱的孩子啊！母亲不用千言万语来教育你，就用实行来教育你。在你长大成人之后，希望不要忘记你的母亲是为国牺牲的！"临刑前，她高唱《红旗歌》，"民众的旗，血红的旗，收殓着战士的尸体，尸体还没有僵硬，鲜血已染红了旗帜……"她高呼"打倒日本帝国主义！""中国共产党万岁！"壮烈牺牲，年仅 31 岁。

为纪念赵一曼，哈尔滨的一条主要街道命名为一曼大街。在她的故乡宜宾市建有赵一曼故居、赵一曼纪念馆等。

王德泰

威震"东满"的虎威将军

王德泰，原名王铭山。1907年出生于奉天省盖平县（今辽宁省营口市大石桥市）一个贫苦农民家庭。1931年"九一八事变"后，积极参加抗日活动。同年加入中国共产党，担任延吉县反帝同盟组织部部长。1934年3月，任东北人民革命军第二军独立师政委。不久任中共东满特委委员、军事部长。1935年3月，改任独立师师长。1936年11月，王德泰在抚松小汤河战斗中不幸中弹，壮烈牺牲，时年29岁。

人心齐，泰山移，组织起来力量大，不愁鬼子打不跑！

——王德泰

从吉林省白山市江源区北部的羊脸山脚，拾级而上登至山腰，一座高 10 米、身形伟岸的王德泰将军雕像便出现在视野中。将军深邃的目光眺望远方，四周山林肃穆、松涛澎湃。

王德泰，原名王铭山。1907 年出生于奉天省盖平县（今辽宁省营口市大石桥市）一个贫苦农民家庭。1926 年到吉林省延吉县茶条沟谋生。1931 年"九一八事变"后，积极参加抗日活动。同年加入中国共产党，担任延吉县反帝同盟组织部部长。

1932 年春，王德泰受党组织派遣，到延吉县三道湾做争取山林队"长江好"的工作。后任延吉游击队小队长、中队长、大队参谋长等职。1934 年 3 月，任东北人民革命军第二军独立师政委。不久任中共东满特委委员、军事部长。1935 年 3 月，改任独立师师长。曾指挥所部取得攻打安图县城等战斗的胜利。与中共东满特委书记童长荣等，领导创建了东满抗日游击根据地。因作战勇猛、冲锋在前，被群众称为"东满一只虎"。

1935 年 5 月，王德泰任东北人民革命军第 2 军军长。同政委魏拯民指挥主力，向绥宁、敦（化）额（穆）和蒙江地区远征，打通了与第 1、第 5 军的联系，促进了东南满和吉东地区抗日武装的联合作战。

1936 年 3 月，王德泰任东北抗联第 2 军军长。同年 7 月，抗联第 1、第 2 军组成抗联第一路军，王德泰任东北抗联第一路军副总司令兼第 2 军军长。并当选为中共南满省委委员。率部开辟长白、临江等新游击区。

1936 年 11 月，王德泰在抚松小汤河战斗中不幸中弹，壮烈牺牲，时年 29 岁。1982 年 10 月，浑江市人民政府在王德泰的殉难地，为烈士修建了墓地，墓碑上镌刻着"抗联第二军军长王德泰将军之墓"。

1995 年 9 月，吉林省江源县（现为白山市江源区）人民政府为王德泰修建了烈士陵园，塑立了王德泰将军塑像。

"在王德泰的身上，集中体现了共产党人和东北抗联将士坚定的信仰信念、高尚的爱国情操和大无畏的牺牲精神，这些精神具有超越时空的永恒价值。"江源区委党史研究室副主任龙志刚说。如今，每年都有来自全国各地的学生、老百姓来到烈士陵园缅怀革命烈士。英雄精神，永存不灭。

夏云杰

赤胆忠心 捐躯为国

夏云杰，又名夏云阶，1903年出生在山东沂水四十里堡镇金场村，1932年11月加入中国共产党。1936年1月，夏云杰所部编为东北人民革命军第6军，他担任军长，9月任东北抗日联军第6军军长。同年11月21日，在为筹集给养与装备时，夏云杰在汤原丁大千屯遭伪治安队袭击，身负重伤，26日壮烈牺牲，时年33岁。

十四年抗战，东北三省涌现出一大批可歌可泣的英雄人物。夏云杰便是其中的一位。在艰难困苦中，他从未退缩；在血与火的斗争中，他带头冲锋。日寇更将夏云杰视作心腹之患。在生命的最后一刻，他还一再叮嘱身边人将抗日民族解放事业进行到底。

夏云杰，又名夏云阶，1903年出生在山东沂水四十里堡镇金场村。因家境贫寒，1926年3月逃荒到黑龙江省汤原县，以耕地为业，农闲时到当地黑金河金矿做些零工。1931年"九一八事变"后投身抗日斗争的行列。1932年11月加入中国共产党。

夏云杰深入矿山、农村，宣传党的抗日主张，为建立党领导下的抗日武装而努力工作。1933年8月任中共汤原中心县委委员，负责军事工作。经过努力，将分散在汤原各地的抗日游击队500余人组织起来，成立东北民众义勇军，夜袭汤原县城，给敌伪政权以沉重打击。

同年10月县委遭日伪军严重破坏后，形势十分险恶。爱人劝他避避风险，夏云杰坚定地表示：要与汤原的反日爱国群众同生死，共患难，越是在党处于困难时期，越要经受住严峻考验。他挺身而出，领导县委工作。11月领导恢复了汤原游击队，并亲自对其进行培训，提高了游击队的政治、军事素质。夏云杰与战友们在松花江下游不断抗击日伪军的进攻，取得了一个个胜利。他身先士卒，在作战中多次负伤，享有很高的威望。中共满洲省委曾称赞汤原游击队是松花江下游地区"反日反满的唯一中心力量"，对夏云杰评价为"深刻学习，对党忠实，能够认真执行党的政策"。

1934年10月，夏云杰领导游击队联合抗日义勇军共同作战，挫败了日伪军冬季"讨伐"，打掉驻太平川的伪警察署，创建了汤原太平川抗日游击根据地。

　　1936 年 1 月，夏云杰所部编为东北人民革命军第 6 军，他担任军长。随后，他率部在汤旺河地区创建后方基地，将游击区域扩展到汤原、萝北、绥滨等十余县。9 月任东北抗日联军第 6 军军长。同年 11 月 21 日，在筹集给养与装备时，在汤原丁大千屯遭伪治安队袭击，身负重伤。弥留之际，他再三嘱咐身边的战友、妻子和女儿，要团结一致，在党的领导下，把抗日民族解放事业进行到底。26 日壮烈牺牲，时年 33 岁。

　　英雄虽逝，英魂长存。夏云杰的家乡人民从未忘却这位离家的游子，他的事迹仍被口耳相传。在他的老家金场村，夏云杰依然是邻里间教育后辈的榜样，传承他不畏艰苦、勇于奉献的精神是老家百姓的信念，更是这里牢不可破的乡风村训。

　　金场村所在的四十里堡镇，每年都会组织青年干部、党员、学生参观夏云杰故居，缅怀先烈，重温入党誓词。作为沂水县的东大门，四十里堡镇近年来发展势头强劲，先后获得国家级生态镇、山东省重点开发镇、省级文明镇等，现代种植业、现代物流业快速发展。

佟麟阁

誓与卢沟桥共存亡

佟麟阁，1892年出生于河北省高阳县一个农民家庭。1936年，佟麟阁任第29军副军长，驻守平津一带。1937年7月7日夜，日军在北平西南卢沟桥发动卢沟桥事变，佟麟阁时任北平南苑驻地指挥官。7月28日，日军发动猛攻，佟麟阁坚守一线，壮烈殉国，时年45岁。

战死者光荣，偷生者耻辱！荣辱系于一人者轻，而系于国家民族者重。国家多难，军人当马革裹尸，以死报国！

——佟麟阁

深秋时节，河北省高阳县佟麟阁小学里书声琅琅，"传承民族魂，红色爱国心"的红字标语在阳光下熠熠生辉。提起自己学校的名字，说起英雄佟麟阁的故事，孩子们的眼神中透着满满的自豪。

佟麟阁，1892 年出生于河北省高阳县一个农民家庭。早年投身冯玉祥部队，因英勇善战、善于用兵，先后升任连长、营长、团长、旅长。1933 年，佟麟阁参加长城抗战，取得喜峰口大捷。同年，他与冯玉祥等组织察哈尔民众抗日联盟军，先后收复康保、宝昌、沽源、多伦等失地，重创日军。后退居北平香山。1936 年，佟麟阁任第 29 军副军长，驻守平津一带。在对抗日军训团进行军训时，他提出："要为民族生存而战斗，为国家荣誉而献身。"

1937 年 7 月 7 日夜，日军在北平西南卢沟桥发动卢沟桥事变，佟麟阁时任北平南苑驻地指挥官，他在全军将校会议上慷慨陈词："日寇消灭中国，是其根本目的。中国人只有一条出路，就是抗战！日寇阴谋侵占平津、吞并华北，吾辈首当其冲。战死者光荣，偷生者耻辱！荣辱系于一人者轻，而系于国家民族者重。国家多难，军人当马革裹尸，以死报国！"并以军部名义发出命令："凡是日军进犯，坚决抵抗，誓与卢沟桥共存亡，不得后退一步。"

大敌当前，佟麟阁视死如归，坚守南苑。时其父在北平城内病重，家人屡促归省，佟麟阁挥泪给妻子捎去书信："大敌当前，此移孝作忠之时，我不能亲奉汤药，请夫人代供子职！"部属闻之，无不为之感动落泪，纷纷表示愿随将军共生死，奋勇杀敌。

1937 年 7 月 28 日，日军发动猛攻。佟麟阁在指挥右翼部队向敌突击时，腿部被机枪击中，部下劝其退后裹伤，他对部下说："大红门失守，全局被动，事急如此，我不能临阵而退。"佟麟阁不顾伤痛依旧坚守一线，官兵们见此场景声泪俱下，与日军舍命拼杀。日军地面进攻遭到重挫后，派战机狂轰滥炸。佟麟阁头部不幸被击中，壮烈殉国，时年 45 岁。

1938 年，毛泽东在延安追悼抗敌阵亡将士大会上，说佟麟阁等人"给了全中国人以崇高伟大的模范"；1946 年，国民政府对佟麟阁进行了隆重的国葬，将西城区一条街更名为佟麟阁路；中华人民共和国成立后，佟麟阁被追认为革命烈士；2009 年，佟麟阁被评为100 位为新中国成立做出突出贡献的英雄模范之一。

在佟麟阁的家乡河北省高阳县，以佟麟阁名字命名的街道、广场和学校每时每刻都在提醒着后人，缅怀先烈，勿忘历史，发愤图强，秉承佟麟阁将军遗志，将爱国主义精神贯穿于高阳经济社会发展中，接续奋斗，为实现中华民族伟大复兴的中国梦做出更大贡献。

赵登禹

将军血战不归还

赵登禹，字舜臣。1898 年出生于山东菏泽。"九一八事变"后，赵登禹主张抵抗日本。1937 年 7 月 28 日，在奉命向北平撤退途中，遭日军伏击，担任国民革命军陆军第 29 军 132 师师长的赵登禹指挥部队与日军激战，胸部中弹牺牲，时年 39 岁。

肢体受伤，是小纪念；战死沙场，才是大纪念。

——赵登禹

照片、文字、塑像、绘画……在山东省菏泽市曹州书画院，赵登禹纪念馆每年都吸引众多群众前来缅怀、追思。岁月如梭，但精神不灭，家乡的父老乡亲始终记得这位血战不归的抗日英雄。

赵登禹，字舜臣。1898 年出生于山东菏泽。1914 年加入冯玉祥的部队，由士兵晋升为排长、连长、营长、副团长、旅长、师长等职。1926 年参加北伐。

"九一八事变"后，赵登禹主张抵抗日本。1933 年任第 29 军 37 师 109 旅旅长。1933 年第 29 军长城抗战时，赵登禹奉命率部增援喜峰口、潘家口，与敌激战，取得胜利，打击了敌军的嚣张气焰，大涨了抗日军民的士气，赵登禹因战功卓著被擢升为第 132 师师长，并被授予陆军中将军衔。1935 年 8 月，第 29 军被调到北平地区驻防。

抗日战争全面爆发后，1937 年 7 月下旬，日军在飞机和坦克的掩护下，分别向北平、天津以及邻近各战略要地大举进攻。日军出动 40 余架飞机轮番轰炸阵地，并有 3000 人的机械化部队从地面发动猛烈攻击。担任国民革命军陆军第 29 军 132 师师长的赵登禹，率部守卫北京城外的南苑。

132 师将士在赵登禹的率领下，不畏强敌，奋勇抵抗。南苑一带地势平坦，无险可守。日军将中国军队切成数段，分割包围。部队孤军作战，在敌人炮火和飞机的狂轰滥炸下，损失惨重。赵登禹率部誓死坚守阵地，拼死抗击。7 月 28 日，在奉命向北平撤退途中，遭日军伏击，赵登禹指挥部队与日军激战，胸部中弹牺牲，时年 39 岁。

抗战胜利后，北平市政府将北河沿大街改名为赵登禹路，以示纪念。

1995 年，抗战胜利 50 周年之际，山东省菏泽市为纪念家乡的抗日英雄，在菏泽曹州书画院成立了赵登禹纪念馆，作为爱国主义教育基地。

纪念馆由四部分组成，用大量照片、文字资料、实物以及根据赵登禹事迹创作的美术作品，生动再现了赵登禹不同时期的光辉形象和顽强抗战的英勇事迹。

"纪念馆每年都与当地的小学、初中、高中、大学联合开展形式多样的爱国主义活动，以缅怀英雄，激励后人。"曹州书画院负责人祖士常说。

同年，英雄老家的农村中学更名为登禹中学，校园内建有小型纪念馆，还开发编写了校本课程《大刀英雄赵登禹》。年复一年，家乡学校出去的学子们，无不对英雄的事迹耳熟能详，无不对抗日英雄充满敬仰。

登禹中学副校长唐海旺说，登禹学校目前在校学生1400多人，为了学习抗日英雄，激励学生成长，学校提出了"走将军路，做登禹人，继承先烈遗志，弘扬将军精神"的口号，培养学生的爱国主义精神，激发学生奋发图强、报效祖国的动力。

姚子青

以我血肉　壮我河山

　　姚子青，谱名若振，号中琪，1909 年出生于广东省平远县。1937 年，姚子青被擢升为国民革命军第 18 军 98 师 292 旅 583 团第 3 营中校营长。抗日战争全面爆发后，姚子青率部开赴上海参加淞沪会战，奉命驻守宝山县城。在 9 月 7 日与日军的鏖战中，寡不敌众，宝山县城陷落，年仅 29 岁的姚子青壮烈殉国。

　　团结战斗，坚守阵地，爱我中华，杀敌立功。

——姚子青

客家围龙屋、泥砖墙、杉桁瓦面、三合土地底、屋前月形池塘、水井一口在屋东……广东省梅州市平远县大柘镇大墩背有一祖屋，坐西北向东南。这就是姚子青烈士的祖居。

姚子青，谱名若振，号中琪，1909 年出生于广东省平远县。姚子青幼年就读于本乡景清小学，后考入平远中学，读书期间，成绩突出，操行优良。

1926 年，姚子青考入黄埔军校第 6 期。北伐战争爆发后，他加入北伐大军，担任排长，英勇善战，屡立战功。1930 年 11 月，姚子青任国民革命军陆军第 11 师步兵 33 旅暂编第 1 团第 1 营第 3 连上尉连长。

1937 年，姚子青被擢升为国民革命军第 18 军 98 师 292 旅 583 团第 3 营中校营长，驻防汉口。抗日战争全面爆发后，姚子青率部开赴上海参加淞沪会战，奉命驻守宝山县城。

1937 年 8 月 28 日，日军利用飞机、军舰舰炮对宝山县城狂轰滥炸，随后日军步兵发起攻击，姚子青率部英勇还击。经过一个昼夜的激战，毙伤敌军 200 余人。

9 月 3 日，日军会合小川沙登陆的大量军队，在飞机、战车的掩护下向西门外大街及西南城垣攻击，企图截断宝山守军与后方联络。姚子青识破了日军的阴谋，趁其立足未稳，下令迎头痛击。在战斗中，姚子青亲临前沿阵地指挥作战，还深入各战壕做思想鼓动，勉励全营官兵"团结战斗，坚守阵地，爱我中华，杀敌立功"。全营士气大振，斗志倍增。血战一昼夜，仅宝山城金家巷一地就击毙日军 200 余人，伤者不计其数。

9 月 5 日，日军 2000 余人从长江东、南、北三面登陆，再次围攻宝山县城，姚子青临危不惧，率部死守城垣，多次打退敌人的进攻。激战两昼夜，毙伤日军 600 余人。

至 9 月 7 日早晨，与敌血战了两昼夜的姚子青营官兵大部分阵亡。这时，宝山县城东南一角被日舰轰毁，日军蜂拥而入。姚子青率所剩官兵 20 余人与敌鏖战，子弹打光了就与敌肉搏，终因寡不敌众，宝山县城陷落，年仅 29 岁的姚子青壮烈殉国。

宝山之战，除副营长李贻谟及二三名士兵于前两天身负重伤已送后方医院治疗外，全营官兵全部阵亡。

姚子青和全营官兵壮烈殉国后，国民党中央执监委员会于 9 月 10 日通电说："宝山之战，姚子青全营与孤城并命。志气之壮，死事之烈，尤足以动天地，而泣鬼神……"

姚子青牺牲后，以其英勇杀敌事迹为题材创作的《姚子青大鼓词》《姚将军歌》，记载着他可歌可泣的英雄事迹，催人泪下。以姚子青营壮士为题材拍摄的《孤城喋血》《血溅宝山城》两部影片热播海内外。

1986 年 9 月，广东省人民政府为纪念抗日将领黄梅兴、姚子青烈士，将平远县城镇中学更名为"梅青中学"。现在，梅青中学是平远县爱国主义教育基地，主要展示抗日民族英雄黄梅兴、姚子青将军英雄事迹。

赵崇德

夜袭阳明堡的抗日英雄

赵崇德，原名开奎，又名宗德，出生于河南省商城县伏山乡七里山村。1933年加入中国共产党。抗日战争全面爆发后，赵崇德担任八路军第129师769团3营营长。1937年10月29日晚，赵崇德率领第3营西渡滹沱河，直扑阳明堡日军飞机场。赵崇德在掩护部队撤退的时候，身中数弹牺牲。

忠肝赤胆，与日月争光。

——彭德怀

　　在河南省商城县陶家河畔，有一条以抗日英烈名字命名的道路——赵崇德大道，商城县人民以这种方式纪念在夜袭阳明堡战斗中牺牲的抗日英雄赵崇德。

　　赵崇德，原名开奎，又名宗德，出生于河南省商城县伏山乡七里山村，他自幼聪明灵巧、秉性刚强，曾入学就读两年，后因家境困难辍学。

　　1930 年秋，赵崇德参加红军，被编入红 4 军 10 师 28 团当战士。随军转战大别山区数十县，因作战勇敢，立下战功，不久被调任 12 师特务队班长。1931 年 10 月，参加著名的黄安战役。随后，又参加商（城）潢（川）、苏家埠战役。1933 年加入中国共产党。

　　1934 年，赵崇德参加二万五千里长征。长征途中，他多次负伤、立功，由排长、指导员升为营长。抗日战争全面爆发后，赵崇德担任八路军第 129 师 769 团 3 营营长。

　　为配合忻口战役，第 129 师师部命令第 769 团袭击敌人阳明堡机场，769 团决定把袭击飞机场的重任交给第 3 营。

　　1937 年 10 月 29 日晚，赵崇德率领第 3 营西渡滹沱河，直扑阳明堡日军飞机场。经过一个多小时的战斗，击毁停机坪敌机 24 架，歼灭日军 100 余人。赵崇德在掩护部队撤退的时候，身中数弹牺牲。

　　赵崇德机智果敢，身先士卒，并以夜间作战和近战见长，他率领的营曾被授予"以一胜百"锦旗。八路军第 129 师师长刘伯承称赞夜袭阳明堡战役："首战告捷，打得好！打得好！"1937 年 11 月 4 日，国民党战区长官卫立煌在太原见到周恩来后，赞扬道："阳明堡烧了敌人 24 架飞机，是战争历史上从来没有过的事情。"

　　1940 年 7 月 1 日，第 129 师政治部编印的共产党诞生 19 周年及抗日 3 周年纪念丛刊《烈士传》，赵崇德的英雄事迹收入其中。彭德怀称赞他："忠肝赤胆，与日月争光。"

2014 年，民政部公布第一批在抗日战争中顽强奋战、为国捐躯的 300 名著名抗日英烈和英雄群体名录，赵崇德名列其中。

中共商城县委史志研究室的柯大全说："赵崇德在中华民族亡国灭种的危难关头，走上抗日战场，以血肉之躯筑起了捍卫民族尊严的钢铁长城，用气吞山河的英雄气概为老区商城人民赢得光荣，他是商城人民的骄傲。赵崇德舍生取义的爱国精神，是商城人民宝贵的精神财富。"

郝梦龄

"誓当以沙场为归宿"

郝梦龄，1898 年 2 月出生于河北藁城。1937 年 10 月 11 日，郝梦龄率部参加忻口战役，与日军激战数日。10 月 16 日，因南怀化高地被日军占领，郝部奉命担任反攻任务。在通过距离日军阵地只有 200 米的一段隘路时，郝梦龄被日军的机枪击中牺牲，时年 39 岁。

余受命北上抗日，国既付以重任，视我实不薄，故余亦决不惜一死以殉国，以求民族生存。此次抗战，誓当以沙场为归宿。

——郝梦龄

"忻口开火数月整，娘子关再顶住，南怀化死个够。"1937年在山西流传的这支悲壮的民谣，说的正是抗战时期的忻口战役。在此次战役中，郝梦龄英勇牺牲，成为抗战阵亡的第一位军长。

郝梦龄，1898年2月出生于河北藁城。早年入保定陆军军官学校第6期步兵科学习。毕业后加入冯玉祥部队，任第4军26旅旅长。曾参加北伐战争，历任第4军2师师长、第54师师长、郑州警备司令、第9军副军长、军长等职。

郝梦龄多次参加军阀混战，见"人民遭殃、流血千里"，深为忏悔和痛恨。全面抗战前夕，蒋介石对革命根据地发动反革命"围剿"，郝梦龄对同室操戈非常反感，曾两次请求解甲归田，均未获批准。

1937年7月，卢沟桥事变爆发，郝梦龄请求北上抗日："我是军人，半生光打内战，对国家毫无利益。现在日寇要灭亡中国，我们国家已到生死存亡的紧要关头，我应该去抗战，我应该去与敌人拼。"同年9月，郝梦龄率部北上，在与妻子、儿女话别时说："我爱你们，但我更爱我们的国家。"临别前，他写下遗嘱，下定为抗日牺牲的决心。

1937年10月11日，郝梦龄率部参加忻口战役，与日军激战数日。10月16日，因南怀化高地被日军占领，郝部奉命担任反攻任务，郝梦龄接到任务后，立即到前线督战，反攻大军分数路扑向日军阵地，连克敌人几个山头。郝梦龄决定乘胜追击，于是挥兵奋进。在通过距离日军阵地只有200米的一段隘路时，郝梦龄被日军的机枪击中牺牲，时年39岁。

郝梦龄阵亡后，士兵在其衣袋里，发现一封尚未发出的致友人信："余受命北上抗日，国既付以重任，视我实不薄，故余亦决不惜一死以殉国，以求民族生存。此次抗战，誓当以沙场为归宿。"

　　国民政府后追认郝梦龄为陆军上将。1938 年 3 月，在延安召开的追悼抗敌阵亡将士大会上，毛泽东同志高度评价了郝梦龄等抗日殉国的精神，称颂郝梦龄等壮烈牺牲的将士是中国人民"崇高伟大的模范"，证明"中华民族绝不是一群绵羊，而是富于民族自尊心与人类正义心的伟大民族"。为表彰忠烈，中华人民共和国民政部于 1983 年追认郝梦龄为革命烈士。

　　在藁城西北角的烈士陵园内，伫立着郝梦龄雕像，供人瞻仰缅怀。郝梦龄生前捐资建校的碑刻也保留在此。烈士陵园主任郝朝军说，郝梦龄热心教育，为办好家乡教育事业，他出资建高小和女子初小各一所，为县立图书馆赠送高小图书 4000 余册，本村高小生均给予补助。

　　"在国家危难时刻，我的祖父身先士卒，以身殉国，实现了为民族、为国家而战的夙愿，我崇敬并深深怀念他。"郝梦龄的孙子郝良表示，自己一定会传承先人的爱国精神，在岗位上踏实工作，为国家的繁荣富强贡献自己的力量。

高志航

东北飞鹰　空军战魂

　　高志航，原名高铭久，字子恒。1908年6月出生，辽宁通化（今属吉林省）人。高志航是被誉为"空军军神""蓝天战神"的抗日英雄，第一个击落日机的中国空军飞行员，牺牲时仅30岁。

　　身为中国空军，怎么能让敌人的飞机飞在头上？

　　　　　　　　　　　——高志航

高志航，一位被誉为"空军军神""蓝天战神"的抗日英雄，第一个击落日机的中国空军飞行员，牺牲时仅 30 岁，却在中国近代空军史上，写下了可歌可泣的不朽篇章。

高志航，原名高铭久，字子恒。1908 年 6 月出生，辽宁通化（今属吉林省）人。1924 年，高志航从教会学校"奉天中法中学"毕业后，考入东北陆军军官教育班学习。这一年东北军扩建空军，招考飞行员赴法国学习，他把名字"铭久"改为"志航"，表明志在航空的决心。最终，他如愿前往法国学习军事飞行。

1929 年 1 月，高志航学成回国，被分配到东北航空处飞鹰支队任少尉飞行员。在飞行演练中，他以高超的飞行技术赢得官兵们的称赞和敬佩。一次演习，他的右腿被弹出的操纵杆打断。经过两次手术康复后，他依然坚持要求重上蓝天。

1931 年，高志航晋升少校，任飞鹰支队支队长。1935 年，他奉命前往意大利购买战机。1936 年 5 月，高志航回国，历任空军教导总队副总队长、第 6 航空大队大队长、第 4 航空大队大队长等职。

1937 年 8 月 13 日，淞沪会战爆发。日本海军第三舰队司令长谷川清计划空袭杭州、南昌、虹桥等机场，摧毁中国的空军力量。8 月 14 日，长谷川清命令驻台北的 18 架"九六式"陆上攻击机出动，空袭杭州笕桥机场。

当天 18 时 10 分，杭州发出空袭警报。此时，中国空军第 4 航空大队第 21、22、23 中队已由河南周口起飞，经过恶劣气象条件的长途飞行，油料将尽。刚在笕桥机场降落不久的高志航机队，不顾长途飞行的疲劳和油料不足，英勇果敢地冲上天空，在云层里同敌机群展开猛烈厮杀。

高志航驾机占据有利位置，抓准时机、准确击中一架日机右翼主油箱，敌机迅速坠落在钱塘江畔。这架敌机也成为被中国空军击落的第一架日军战机。之后，第23中队队员梁添成和第22中队长郑少愚也各击落敌机1架。不到30分钟的战斗，第4大队共击落日机3架，击伤1架，我军仅1架战机轻伤。

八一四空战告捷，打破了"日本空军不可战胜"的神话。8月15日，中日空军在南京、上海、杭州等地再次展开大规模空战。这一系列战斗中，中国空军击落17架日机，仅损失两架战机。后高志航因战功卓著被任命为空军驱逐机部队司令兼第4航空大队大队长。

1937年11月，高志航奉命率队赴兰州接收苏联援华的战机。飞至河南周家口机场时，因天气恶劣，在机场待命。21日，机场突遭11架日机偷袭，高志航在进入机舱准备起飞战斗时，被炸弹弹片击中牺牲，时年30岁。

2015年8月29日，三峡大学西校区高志航路上，抗日英烈高志航塑像落成，塑像高4米，由3吨青铜浇铸而成，基座高1.7米，为25吨三峡原石。整个塑像庄严雄伟，头戴飞行帽的高志航，一手叉腰，举目远眺，仿佛正在观察云天之上的战况。

理琪

"献身革命国忘私"

理琪，原名游建铎，1908年出生于河南省太康县一个富裕家庭。1924年，理琪离开太康到开封读书。1925年，加入中国共产党。1938年2月初，理琪率领第3军在文登、牟平一带以游击战形式打击、牵制敌人。在雷神庙休整时，部队遭增援日军围攻。理琪率部突围时，身中数弹，仍坚持指挥战斗，因伤势过重不幸牺牲，时年30岁。

天福英雄是理琪，献身革命国忘私。当年猛打雷神庙，今日高标星宿旗。万代东风吹海隅，一方化雨仰宗师。文登多少佳儿女，接力还须步伐齐。

——郭沫若

在河南省周口市太康县烈士陵园的一座纪念亭下，理琪的英勇事迹被镌刻在纪念碑上。除了家乡太康外，山东烟台也有关于理琪革命活动的纪念场馆。理琪30载生命中感人而壮烈的事迹，深深打动着后来人。

理琪，原名游建铎，1908年出生于河南省太康县一个富裕家庭。1924年，理琪离开太康到开封读书。1925年，加入中国共产党。入党后，理琪受党的派遣回到家乡开展革命斗争。当年秋天，理琪考入冯玉祥的西北军无线电学校。

1926年，理琪以管理无线电通讯的职业作为掩护，在国民党军队中从事党的地下工作。1931年12月，理琪参与鼓动国民党官兵参加宁都起义的活动，因被敌人发觉，便离开国民党军队，到了中央苏区。他发挥特长，为红军和苏区无线电通讯事业的建设做出了有益贡献。

1934年，理琪被派往上海从事党的秘密工作。当时上海的党组织常遭敌人破坏，他经常饿着肚子坚持斗争。1935年下半年，理琪与党组织失去联系。他千方百计寻找党组织，终于在1936年春与党组织取得联系，后被派往山东胶东工作。理琪积极开展工作，恢复党的组织，成立了中共胶东临时特委，被选为书记。1936年，理琪和特委机关迁移到烟台。根据中共中央北方局的指示，中共胶东临时特委与烟台市委合并为胶东特区工委，理琪任书记。同年，由于叛徒告密，理琪被捕。在狱中，任凭敌人拷打、逼问，他坚守党的秘密，继续坚持斗争。1937年11月，理琪出狱后按照指示回到胶东，建立了一支由共产党独立领导的胶东人民抗日武装。

1937年12月24日，他领导天福山起义，成立了山东人民抗日救国军第3军。1938年1月，理琪又发动了威海起义。第3军建立司令部、成立军政委员会后，理琪任司令员兼军政委员会主席。

1938年2月初，日军3000余人侵占了青岛、烟台等地，理琪率领第3军在文登、牟平一带以游击战形式打击、牵制敌人。2月12日，理琪在主持召开军政委员会紧急会议后，决定亲自率领部队攻打牟平县城。13日，理琪采取里应外合的战术，收复了牟平，俘虏了伪县长等70余人，缴枪百余支。在雷神庙休整时，部队遭增援日军围攻。理琪率部突围时，身中数弹，仍坚持指挥战斗，因伤势过重不幸牺牲，时年30岁。

1962年，为了纪念理琪，郭沫若题诗赞颂："天福英雄是理琪，献身革命国忘私。当年猛打雷神庙，今日高标星宿旗。万代东风吹海隅，一方化雨仰宗师。文登多少佳儿女，接力还须步伐齐。"2014年，理琪被列入民政部公布的第一批300名著名抗日英烈和英雄群体名录。

"伯父理琪为了民族的独立和人民的解放而牺牲，我们非常自豪，并教育孩子们学习他的精神，吃苦耐劳，跟党走，多做对国家、对人民有贡献的事。"理琪的侄子游立峰说，每年清明节，他都会带着家人去为理琪扫墓祭拜。如今，太康县正在大力弘扬革命先烈热爱祖国、忠于人民、无私奉献、敢于牺牲的精神，干部群众奋发有为、开拓创新，为实现太康跨越发展而努力奋斗。

王铭章

以身殉国为民族争光

　　王铭章，字之钟，1893 年生于新都县泰兴乡。1914 年毕业于陆军军官学校第 3 期步兵科。北伐战争开始后，任国民革命军第 29 军第 4 师师长，1936 年晋升中将。1938 年，王铭章率部参加徐州会战，在战斗中遭日军机枪扫射，身中数弹牺牲，后被追晋为陆军上将。

　　过去不知为谁而战？为谁而死？……今天奉令出川抗日，是为了挽救国家危亡、民族生存而战……

　　　　　　　　　　　　　　　　　　　　——王铭章

　　矗立在四川省成都市新都区新桂湖公园的王铭章将军雕像，高一丈二，基座宽四尺、高三尺，四周刻有"浩气长存，祭阵亡将士"的大字。放眼望去，巍峨的塑像让成都秋日雾霭沉沉的天空明亮了许多。

　　王铭章，字之钟，1893年生于新都县泰兴乡。父以小贩为业，家境窘迫，生活拮据。1911年，四川保路运动兴起，同盟会会员组织同志军发动武装起义，就读于四川陆军小学时年18岁的王铭章，毅然参加了同志军，投入与清政府军的战斗。

　　1914年7月4日，王铭章从陆军军官学校第3期步兵科毕业后，被分配至川军刘存厚部供职，初任见习排长，后升排长。1916年初，为反对袁世凯窃国称帝，蔡锷率护国军入川与袁军对垒。王铭章随川军第二师参战，转战于泸县、纳溪县一带，升任连长。1920年，川滇之战又起，王铭章升任川军第7师25团团长，随后任第11旅旅长。1924年，川战平息，移防德阳县，晋升第13师师长。

　　北伐战争开始后，川军奉令改编，王铭章任国民革命军第29军第4师师长。1935年7月，赴峨眉山军训团受训，被授陆军少将衔，任41军122师师长，次年晋升中将。

　　1937年卢沟桥事变后，日本帝国主义大举向我进攻，民族存亡处于严重关头。长期卷入内战旋涡的王铭章，坚决拥护抗战救国、"枪口一致对外"的革命主张，请缨出川杀敌报国。9月6日，王铭章在德阳县广场，召开出川抗日誓师大会，他慷慨激昂地宣称："此次出川抗日，不成功，便成仁……""过去不知为谁而战？为谁而死？……今天奉令出川抗日，是为了挽救国家危亡、民族生存而战……"次日，他返回家乡，辞别父老，安抚亲人，并预立遗嘱："誓以必死报国。将积年薪俸所得，酌留赠家及子女教育之用，余以建立公益事业。"

1938年初，王铭章被任命为41军前方总指挥，率部参加徐州会战，奉命驻守滕县狙击日军。王铭章命令将南门、北门堵死，东、西城门暂留交通道路，随时准备封闭，打算死守滕县县城。3月14日，保卫徐州外围的滕县战役正式展开，日军第10师团在飞机的掩护下向滕县发动全线进攻，王铭章率部与日军浴血奋战三昼夜。17日下午，因兵力悬殊，日军攻占滕县南城墙和东关，大批敌人突入城内。王铭章命令城内各部与日军巷战，西关守军死战待援，并准备亲自到西关指挥守军继续战斗，行至西关外电灯厂附近时，遭日军机枪扫射，王铭章身中数弹牺牲，后被追晋为陆军上将。

王铭章率部坚守滕县，为鲁南会战赢得了时间，为台儿庄大捷创造了有利条件。王铭章忠骸运回时，汉口、重庆、成都均举行了公祭。在汉口公祭典礼上，毛泽东等中央领导联合题写挽联："奋战守孤城，视死如归，是革命军人本色；决心歼强敌，以身殉国，为中华民族争光。"1984年9月1日，四川省人民政府追认王铭章为革命烈士，同月14日，国家民政部颁发了烈士证书。

高高矗立于新都桂湖公园的王铭章雕塑，见证着家乡改革开放以来的巨大变化。新都连续23年保持全省县域经济十强。今日新都，已形成轨道交通、航空、现代物流三大产业为主导的现代化产业体系，正着力建设现代化国际范新城区。

刘桂五

起于草莽　殉为家国

　　刘桂五，字馨山，1902 年出生于热河凌南（今辽宁省朝阳市）。1924 年，西北军名将宋哲元进驻热河，刘桂五应征参军。1937 年"七七事变"爆发，消息传来，刘桂五立即请缨抗战。1938 年 4 月，刘桂五在战斗中被敌人的炮弹炸成重伤，但依然拿手枪坚持作战，后因伤势过重，壮烈殉国。

　　弟此次出发抗日不成功则成仁，成功则到老家相见，成仁则到九泉相见，望兄安心理家勿以弟为念。

　　　　　　　　　　　　　　　　　　——刘桂五

内蒙古固阳县兴顺西镇红油杆子村外，低矮的沙丘一望无际，远望天高云低，一座抗日阵亡将士纪念碑巍然挺立。80 年前，刘桂五将军在此地与日寇拼杀至生命最后时刻，壮烈牺牲。

刘桂五，字馨山，1902 年出生于热河凌南（今辽宁省朝阳市）。他生性豪侠，自少年起练就一身骑射好功夫。1924 年，西北军名将宋哲元进驻热河，刘桂五应征参军。后投奔白凤翔领导的地方武装，他的一身武艺和为人深受白的赏识。这支武装部队由张学良的东北军改编，隶属骑兵第 2 军指挥，番号为骑兵第 6 师。在屡有战功的情况下，刘桂五由班长、排长逐步升为少校连长。1934 年，刘桂五被提拔为骑兵第 6 师第 18 团上校团长。

1936 年 12 月初，张学良在西安再三苦谏蒋介石停止内战未果，决定"兵谏"。12 月 8 日，张学良召白凤翔、刘桂五等人商讨，决定由东北军骑兵第 6 师师长白凤翔、卫队 2 营营长孙铭久等人和刘桂五共同行动。12 月 12 日，刘桂五与白凤翔等人率部突袭华清池，顺利捉蒋，刘亲手将蒋介石"请"上车。西安事变促成国内停止内战、一致对外。12 月 14 日，刘桂五被张学良提拔为骑 6 师少将师长。

1937 年"七七事变"爆发，消息传来，刘桂五立即请缨抗战。8 月 8 日，刘桂五率骑 6 师加入了以马占山为首的东北挺进军，开赴前线抗击日本侵略军。多年盼望为国效忠的机会终于来到，刘桂五非常高兴，他在给兄弟刘桂中的信中写道："弟此次出发抗日不成功则成仁，成功则到老家相见，成仁则到九泉相见，望兄安心理家勿以弟为念。"

全面抗战爆发后，第 7 军团总指挥兼绥远省主席傅作义率部在平绥线和山西抗击日军，刘桂五的骑 6 师担负起了保卫绥远的重任。他率部在绥远前线与日军浴血苦战了 8 个月之久，屡挫敌锋。

包括刘桂五骑兵第 6 师在内的东北挺进军不断发展壮大，使日军惊恐异常。1938 年 4 月 15 日，马占山率部迫近日军巢穴张北，日军调集多支战斗力量迎击。双方激战 5 昼夜，马部给敌人以重创，但自己亦弹粮将尽，遂由武川向西撤，以待整军再战。

1938 年 4 月 21 日夜，马部在今内蒙古包头市固阳县红油杆子村宿营时，被日军包围。刘桂五指挥警卫队反复冲杀，直至次日早晨，终因寡不敌众，所部被敌人打散。刘桂五在战斗中被敌人的炮弹炸成重伤，但依然拿手枪坚持作战，后因伤势过重，壮烈殉国。6 月 9 日，国民政府在西安革命公园为刘桂五举行追悼大会，八路军总司令朱德、副总司令彭德怀及陕西各界代表都赠送挽联、发表讲话，颂扬抗日英雄。

新中国成立后，陕西省人民政府追认刘桂五为革命烈士，其灵柩也迁入西安南郊的革命烈士陵园。在纪念西安事变 25 周年之际，烈士陵园为刘桂五举行了立碑典礼。

内蒙古自治区党史学会常务理事赵殿武，长期进行刘桂五将军事迹的寻访和调查考据工作。他说："作为后来人，应该向烈士大无畏的牺牲精神致敬。这种精神时刻提醒我们勿忘历史，奋发图强。"

叶成焕

一个很好的布尔什维克

叶成焕，1914 年生，河南新县人。1929 年参加革命，同年加入中国共产党。抗日战争爆发后，任八路军第 129 师 386 旅 772 团团长，率部先后参加了长生口、神头岭、响堂铺等著名战斗，为 129 师在全面抗战初期的"三战三捷"做出了重大贡献。1938 年 4 月，叶成焕在对日战斗中壮烈牺牲，年仅 24 岁。

"祖父用自己的鲜血证明对党的忠诚，对人民的挚爱。他虽然壮烈牺牲了，但是留给我们后人的精神财富却是永恒的，永远激励着我们听党的话，跟着党走。"抗日虎将叶成焕的侄孙叶道根聊起祖父的英雄事迹依然自豪。

叶成焕，1914 年生，河南新县人。1929 年参加革命，同年加入中国共产党。1930 年参加鄂豫皖红军，先后任指导员、营政委、团政委、师长、师政委等职，率部屡挑重担，屡建战功，是红四方面军的一员虎将。抗日战争爆发后，任八路军第 129 师 386 旅 772 团团长，率部先后参加了长生口、神头岭、响堂铺等著名战斗，为 129 师在全面抗战初期的"三战三捷"做出了重大贡献。

1938 年 4 月初，日军调集 3 万余人的兵力分 9 路向晋东南大举进犯。4 月 15 日，侵占武乡县城的日军 3000 余人，北犯榆社再次扑空，只得折回武乡，当日黄昏又放弃武乡，连夜沿浊漳河东撤。第 129 师师长刘伯承决心抓住这一有利战机，集中优势兵力迅速发起追击，在运动中歼灭这股日军。叶成焕率第 772 团等部为左纵队沿浊漳河北岸山地实施追击。16 日晨，与其他部队一起在武乡以东的长乐村将东撤的日军大部截住，迅即发起攻击，将日军截为数段，压缩到狭窄的河谷里。至 17 时，第 129 师部队已将被围困于河谷里的日军基本歼灭。

这时，有千余敌人从辽县来援。鉴于全部歼灭该敌已无把握，刘伯承决定以一部分兵力迷惑牵制敌人，主力立即撤出战斗。叶成焕接到命令后，一面指挥部队打扫战场，装运胜利品，迅速撤离；一面跑上一个高坡，观察敌人增援部队的情况，看看有没有机会消灭一部分援敌，完全把自己的安危置之度外。突然，一颗子弹射中了他的头部。当战士们抬着他后撤时，他留下的最后一句话是："队伍，队伍呢？"18日凌晨，叶成焕壮烈牺牲，年仅24岁。

朱德总司令特地从八路军总部赶来，向这位著名战将的遗体告别。刘伯承师长在追悼大会上说：叶团长参加革命后，党培养了他，他没有辜负党的教育，终于成为一个很好的布尔什维克！

叶成焕烈士遗体葬在山西榆社县郝北村，新中国成立后迁葬河北省邯郸市晋冀鲁豫烈士陵园。在他的家乡新县，其英雄事迹一直陈列在鄂豫皖苏区首府烈士陵园，教育激励着新县的父老乡亲们。

周建屏

戎马一生　抗日到底

周建屏，祖籍江西金溪，1892 年生于云南宣威。1926 年入黄埔军校学习，1927 年加入中国共产党。全面抗日战争爆发后，周建屏任八路军第 115 师 343 旅副旅长，参加平型关战役。1937 年 11 月，周建屏任晋察冀军区 4 分区司令员，奉聂荣臻司令员的命令，扩大与整编部队，率部参加晋察冀根据地粉碎日军"八路围攻"的战斗。1938 年 6 月 13 日，周建屏旧伤复发不治去世。

你们替我转告官兵和民众，要抗日到底……

——周建屏

一个马鞍和一条木板,这是周建屏留在故居仅有的遗物。这座故居 5 年前翻修,列为云南省宣威市文物保护单位和曲靖市爱国主义教育基地,每年都会有众多学生及干部群众前来参观。

"你们替我转告官兵和民众,要抗日到底……"这是周建屏最后的遗言。戎马倥偬 30 年,周建屏先后 7 次负伤。由于艰苦的战争环境和频繁的转战、作战,最终旧伤复发不治去世。但他的英雄事迹,却如一座丰碑,激励着后人。

周建屏,祖籍江西金溪,1892 年生于云南宣威。1909 年考入云南讲武堂,并加入云南新军,先后参加了护国运动、护法运动以及讨伐陈炯明叛乱。1926 年经周恩来推荐进入黄埔军校学习,参加北伐战争。1927 年春经朱德介绍加入中国共产党,并转入朱德军官教导团。

大革命失败后,周建屏参加南昌起义。1929 年,被党派遣到方志敏领导的赣东北根据地工作,先后被任命为红军团长、师长。1934 年 2 月,周建屏参加第二次全国苏维埃代表大会,当选为中央执行委员。10 月中央红军开始长征,周建屏率红 7 军团第 24 师掩护主力红军离开苏区后,留在根据地坚持游击战争,1936 年到达延安。

全面抗日战争爆发后,周建屏任八路军第 115 师 343 旅副旅长,率部开赴晋东北抗日前线,参加平型关战役。后率部挺进五台山至河北阜平一带,发动群众,开展敌后游击战争,建立敌后抗日根据地。

1937 年 11 月,以聂荣臻为司令员兼政治委员的晋察冀军区成立,周建屏任晋察冀军区 4 分区司令员,并奉聂荣臻司令员的命令,扩大与整编部队。不久,他率部参加晋察冀根据地粉碎日军"八路围攻"的战斗。1938 年 4 分区司令部迁至太行山东麓的河北平山县小觉镇。周建屏率领分区机关和部队,在日伪军残酷的"封锁""分割""扫荡"和"蚕食"的极端困难条件下，宣传群众，支持群众开展减租减息，帮助地方发展生产，建立抗日民主政权，动员群众踊跃参军，建立地方抗日武装，壮大我主力部队，开创和巩固了模范抗日根据地。

1938 年 6 月 13 日，周建屏旧伤复发不治去世。当地群众在太行山上的小觉镇为他建起一座烈士墓。日军先后 3 次扫荡小觉镇时炸毁周建屏烈士墓，可是群众又 3 次修复起烈士墓。新中国成立后，周建屏的遗骨移葬于华北军区烈士陵园。

2018 年是周建屏牺牲 80 周年，他 68 岁的外孙女周荣带着 88 岁的母亲，已经 3 次前往小觉镇。"他是英雄，了不起的英雄，为了革命牺牲了一切。作为后代，我们要向他学习。"

宣威市倘塘镇文化广播电视服务中心主任丁惠仙说："周建屏是我们家乡家喻户晓的人物，提到他我们都感到很自豪，他是我们宣威的一位榜样、一位英雄。"

八女投江

宁死不屈的如花战士

抗日战争时期，以冷云为首的东北抗日联军8名女官兵，在顽强抗击日本侵略军的战斗中投江殉国，表现了中华民族同敌人血战到底的英雄气概，在人民群众中广为传颂。她们是第2路军第5军妇女团的政治指导员冷云，班长胡秀芝、杨贵珍，战士郭桂琴、黄桂清、王惠民、李凤善和被服厂厂长安顺福。图为位于牡丹江市江滨公园的"八女投江"群雕。

> 同志们，我们是共产党员、抗联战士，宁死也不做俘虏！为祖国的解放而战死，是我们最大的光荣！
>
> ——冷云

深秋时节，牡丹江的支流——乌斯浑河在漫漫草木枯黄中静静流淌。"乌斯浑"是满语，有凶狠的河流之意。80年前，这条裹挟着侵华日军罪恶子弹的凶狠之河，吞噬了8条宁死不屈的如花生命。而今，"八女投江"纪念碑矗立在乌斯浑河东岸，透过历史的尘烟，深情凝望着这片承载过血与火的土地锻铸出富饶与祥和。

抗日战争时期，以冷云为首的东北抗日联军8名女官兵，在顽强抗击日本侵略军的战斗中投江殉国，表现了中华民族同敌人血战到底的英雄气概，在人民群众中广为传颂。她们是第2路军第5军妇女团的政治指导员冷云、班长胡秀芝、杨贵珍、战士郭桂琴、黄桂清、王惠民、李凤善和被服厂厂长安顺福。

冷云，原名郑志民，1915年生，黑龙江省桦川县人。1931年入桦川县立女子师范学校读书。"九一八事变"后，她积极参加抗日救国活动。1934年加入中国共产党，在佳木斯从事秘密抗日活动。1936年，她与具有爱国思想的吉乃臣（后改名周维仁）加入东北抗联第5军，后经组织批准两人结为革命伴侣，志同道合，共同进行抗日斗争。冷云先在军部秘书处做文化教育工作，后调到第5军妇女团担任小队长和指导员。1938年夏，冷云强忍丈夫英勇牺牲的巨大悲痛，告别刚刚出生两个月的婴儿，随第5军第1师部队西征，任妇女团政治指导员。

在西征队伍中，妇女团的战士们和男战士一样跋山涉水，英勇作战；1938年7月12日参加了攻打楼山镇战斗。是年10月上旬，队伍在牡丹江地区乌斯浑河渡口与日伪军千余人遭遇。已行至河边准备渡河的妇女团上述8名成员，为掩护大部队突围，毅然放弃渡河，在冷云率领下，分成3个战斗小组，与日伪军展开激战。她们主动吸引日伪军火力，使部队主力得以迅速摆脱敌人的攻击，但她们却被敌人围困于河边。

在背水作战至弹尽的情况下，面对日伪军逼降，女战士们誓死不屈。冷云坚定地对大家说："同志们，我们是共产党员、抗联战士，宁死也不做俘虏！为祖国的解放而战死，是我们最大的光荣！"她们毁掉枪支，挽臂涉入乌斯浑河，高唱着《国际歌》，集体沉江，壮烈殉国。牺牲时，她们年龄最大的冷云 23 岁，最小的王惠民才 13 岁。

历史之河，永不停歇。为弘扬八女英烈精神，在牡丹江市江滨公园，一座巨型"八女投江"群雕拔地而起，成为这个城市的"红色地标"。

2011 年，在牡丹江市林口县，铭刻着"八女英魂，光照千秋"的"八女投江"纪念碑旁，"八女投江遗址纪念馆"正式开放。如今，纪念馆已成为远近闻名的全国爱国主义教育示范基地、国家国防教育示范基地和抗联史料研究展示中心，每年接待参观者 10 余万人次。

范筑先

铁血将军守土有责

范筑先，1882 年出生，山东馆陶（今属河北省）人。抗日战争全面爆发后，范筑先拥护中国共产党的抗日主张，留在鲁西北地区组织群众进行抗日，先后组织建立了多个县的抗日政权和抗日武装。1938 年 11 月 14 日，日军进攻聊城，范筑先率部抗击，700 多名将士大部分战死。次日，聊城被日军占领，范筑先宁死不当俘虏，举枪自尽。

　　河北省馆陶县范筑先纪念馆内，两排红色大字"杀敌挺身甘一死，裹尸还葬足千秋"映入眼帘。一座范筑先的石膏塑像巍然屹立，500多平方米的纪念馆内，影像、图片、文字等讲述了范筑先光辉的一生。

　　范筑先，1882年出生，山东馆陶（今属河北省）人。历任炮兵营长、补充团团长、第8旅旅长等职。1931年回山东，先后任第3路军参议、沂水县县长、临沂县县长。1936年，任山东省第6区行政公署专员、保安司令兼聊县县长。

　　抗日战争全面爆发后，范筑先拥护中国共产党的抗日主张，留在鲁西北地区组织群众进行抗日，先后组织建立了多个县的抗日政权和抗日武装。1938年，为策应武汉会战，先后两次组织部队攻击驻守在济南的日军。

　　1938年11月初，毛泽东专门派人给他带去亲笔信，对其表示慰问和嘉勉。11月14日，日军进攻聊城，范筑先率部抗击，700多名将士大部分战死。次日，聊城被日军占领，范筑先宁死不当俘虏，举枪自尽。

　　范筑先牺牲后，国民政府特令褒扬，追晋范筑先为陆军中将。中共重庆《新华日报》发表了敬悼抗日英雄范筑先先生的时评，延安中共中央《解放》周刊发表了纪念文章《哀悼民族老英雄范筑先》。

　　馆陶县政协文史办原主任刘清月从事范筑先研究30多年。据他介绍，当时日军主力踏上齐鲁大地，国民党军队纷纷南撤，可年近六旬的范筑先却没有撤退。范筑先曾说，大敌当前，我们守土有责，不抵抗就撤走，何颜以对全国父老？范筑先在战斗中奋勇杀敌，身负重伤，最后壮烈殉国。

　　1988年，为纪念范筑先殉国50周年，山东省聊城市在范筑先殉国的地方修建了范筑先纪念馆。2009年，范筑先的家乡河北省馆陶县的范筑先纪念馆建成，县内一条新修建的街道被命名为筑先路。每年清明节等节日，该县都组织中小学生、机关单位工作人员来此开展纪念活动，每年游客达到两万人次。

范筑先的后人范小云表示，祖父当年为了守卫一方领土，牺牲自己生命，自己将时刻以祖父为榜样，在工作岗位上更加努力，用自己的行动让周围人生活更美好。

馆陶县是中国"粮画之乡"、中国"黄瓜之乡"。范筑先当年的奋斗精神，依然被馆陶干群不断学习传承，今日的馆陶正以全新的面貌，迅速发展。

王光宇

投笔从戎　智勇为国

王光宇，1911 年出生在吉林省德惠市岔路口乡腰窝堡屯。1933 年春加入中国共产主义青年团，同年冬加入中国共产党。1937 年 9 月任东北抗日联军第四军副军长。1938 年 12 月，在王光宇的率领下，抗联第四军到达五常县。不久，在五常县九十五顶山与敌人激战中，王光宇不幸中弹，壮烈牺牲，年仅 27 岁。

冬日的阳光照射在德惠市烈士纪念馆，透过宽大的玻璃窗，可以看到一尊半身铜像肃然矗立着。他就是冰天雪地里艰苦抗敌五年、在黑龙江五常县壮烈牺牲的抗联烈士王光宇。

王光宇，原名王明堂，又名王兴。1911年出生在吉林省德惠市岔路口乡腰窝堡屯。早年就读于县立中学，后转入哈尔滨省立第一中学，积极参加进步学生运动。1931年"九一八事变"后，加入当地反日义勇军，参加抗日武装斗争。1933年春加入中国共产主义青年团，同年冬加入中国共产党。

1935年2月后，王光宇任东北反日联合军第5军第1师1团政治委员、第2师政治部主任。1936年2月，部队改编为东北抗日联军第5军，任第2师师长，率部转战于牡丹江东侧，在依兰、勃利、林口地区，进行抗日游击战争。1937年3月中共吉东省委成立，被选为委员、常务委员，负责宣传工作，并任中共第5军党委委员。随后参与组织攻打依兰县城，任第2纵队总指挥，击溃敌增援部队。同年9月调任东北抗日联军第4军副军长。

1938年，日军调集6万余正规部队，对三江地区实行分割包围，重点"讨伐"，企图将抗联部队"聚而歼之"。东北抗联进入极端艰苦和困难的阶段。为了粉碎日军的包围，5月，王光宇和军长李延平率领抗日联军四军主力从宝清出发西征，经过一个多月艰苦行军，到达牡丹江。部队稍加休整后，又继续前进，穿越了三百多里荒无人烟的高山、森林，趟过了泥泞的沼泽，于7月10日到达楼山镇附近，并迅速开展攻击。在战斗中，击毙、击伤敌人四十多名，俘敌中队长以下的军官七人，并缴获很多枪支弹药和粮食。

王光宇非常关心战士，为了解决富锦山里密营中伤病员的吃粮问题，他亲自率领战士冒着零下四十多摄氏度的严寒，顶着大风雪，到百里以外的地方去背粮。王光宇总是以革命乐观主义精神激励干部和战士前进。每当到宿营地时，他就给同志们讲革命故事和列宁、斯大林领导苏联人民闹革命的事迹，使同志们坚定抗战必胜的信心和革命到底的决心。

1938 年 12 月，在王光宇的率领下，抗联第 4 军终于到达五常县。不久，在五常县九十五顶山与敌人激战中，王光宇不幸中弹，壮烈牺牲，年仅 27 岁。

"抗联烈士王光宇献身革命时非常年轻，没有留下后人。"德惠市民政局副局长曹希廷说，在抗日战争中，东北抗日联军与穷凶极恶的日本侵略者展开艰苦卓绝的斗争，在生与死、血与火的磨砺中熔铸成伟大的东北抗联精神。现在经常有社会各界人士到德惠市烈士陵园来参观、祭扫，抗联精神指引我们在今天更要实打实地触碰矛盾、解决问题。

赵伊坪

烈火中永生的抗日英雄

赵伊坪，原名赵廉越，1910年生于河南郾城，1925年加入了中国共产主义青年团，1926年转为中国共产党党员。1939年3月，中共鲁西区委领导机关随八路军129师先遣纵队由冠县、馆陶地区向东挺进。5日清晨，在茌平琉璃寺一带与日军遭遇。激战至傍晚，赵伊坪多处中弹负伤坠马，落入日军魔掌。赵伊坪大义凛然，英勇不屈，壮烈牺牲，时年29岁。

任凭你们把我钉死在树上，我宁可站着死，不低高贵头。宁为鞭死鬼，不做亡国奴……

——赵伊坪

"血染黄沙誓要中华得解放，烈火永生待我九州尽欢颜"，这副悬挂在赵伊坪故居门口的对联，彰显着烈士的英勇无畏与爱国情怀。距故居不远，河南省漯河市烈士陵园内苍松环抱，翠柏林立，赵伊坪烈士的纪念碑竖立在此。而远在山东省聊城市的琉璃寺战斗纪念馆，也记载着赵伊坪的英雄事迹。每到清明节，两地人民纷纷开展纪念活动，表达对先烈的缅怀与敬仰。

赵伊坪，原名赵廉越，1910年生于河南郾城。1925年经彭雪枫介绍，加入了中国共产主义青年团，1926年转为中国共产党党员。之后，他在郾城平民小学以教书作掩护，发展党员，建立党组织，成立农民协会，开展农民运动。大革命失败后，在陕西、山东、河南等地以小学和中学教师职业为掩护，从事党的地下工作。1935年，在杞县私立大同中学担任国文教员，在学校传播马列主义，开展抗日救亡活动。

西安事变后，按照中共中央北方局华北联络局书记彭雪枫"放下教鞭，唤醒士兵参加抗战"的要求，赵伊坪到鲁西北范筑先部担任秘书科文书，开展抗日救亡运动，宣传共产党的抗日主张，揭露国民党政府实行的"攘外必先安内"政策的反动实质。在赵伊坪等共产党人的推动下，范筑先走上了与共产党合作抗日的光明之路。

1937年底，赵伊坪到中共鲁西北特委工作，先后担任鲁西区党委委员、秘书长兼统战部部长、第六区政治部秘书长，为壮大抗日民族统一战线、巩固和发展鲁西北抗日根据地做出了重要贡献，受到党中央、毛泽东的高度评价。期间，他主持中共鲁西北特委机关报《抗战日报》和理论刊物《先锋》月刊的工作，担任社论委员会委员，根据党的方针、政策为报纸撰写社论，使该报成为宣传党的抗日主张、鼓舞人民斗志和打击敌人的有力武器。

1939年3月，中共鲁西区委领导机关随八路军129师先遣纵队由冠县、馆陶地区向东挺进。5日清晨，在茌平琉璃寺一带与日军遭遇。激战至傍晚，赵伊坪多处中弹负伤坠马，落入日军魔掌。日军把他绑在树上，用皮鞭抽、刺刀戳……面对凶残的敌人，赵伊坪大义凛然，英勇不屈，痛斥日本侵略军的野蛮侵华暴行："任凭你们把我钉死在树上，我宁可站着死，不低高贵头。宁为鞭死鬼，不做亡国奴……"日军恼羞成怒，残忍地将他全身浇上汽油，放火点燃。烈焰中，赵伊坪用尽最后的气力高呼："打倒狗日本鬼子！中国共产党万岁！"残暴的日军又举起刺刀，捅进他的嘴里……赵伊坪壮烈牺牲，时年29岁。

为了弘扬烈士精神，漯河市"北街小学"于1996年更名为"伊坪小学"。伊坪小学校长赵洪磊说："学校建有赵伊坪烈士纪念室和伊坪书屋，成立了'红映伊坪'剧社。每逢重要时间节点，学校都会开展纪念赵伊坪烈士的活动，激发了学生们的爱国主义热情。"

邓永耀

身先士卒抗日寇

邓永耀，又名邓永辉，1912年1月出生于湖南茶陵县腰陂镇大冲村（今腰潞镇珍武村）。1930年加入中国共产党。1933年参加红军。全国抗日战争爆发后，邓永耀调任八路军第129师骑兵团政治委员，率部转战冀南一带，为开辟冀南抗日根据地做出重要贡献。1939年初，邓永耀调任第129师东进纵队政治部主任。3月3日晨，邓永耀率部在武邑东南徐村与日军遭遇，在激战中不幸头部和腿部中弹昏倒在地。最终，因流血过多牺牲，时年27岁。

在湘东山区的茶陵县，虽然抗日战争已结束七十余年，但英烈邓永耀依然被当地人民深切缅怀。

邓永耀，又名邓永辉，1912年1月出生于茶陵县腰陂镇大冲村（今腰潞镇珍武村）。家庭生活贫苦，后父母因病去世，他很小就成为孤儿。

1927年"马日事变"后，邓永耀在共产党员邓有禹的启迪下，开始从事革命活动。1928年加入中国共产主义青年团。1930年加入中国共产党。1931年，在共青团茶陵县代表大会上，当选为秘书长。后任茶陵县苏维埃政府总务处长。1933年参加红军。曾任军团政治部文书、总务处处长、军团宣传队队长、军政治部宣传部长等职。

1934年8月，邓永耀随红六军团西征。1936年7月，红二方面军与红四方面军在甘孜会合，他随萧克调到红四方面军工作，任师政治部主任。在长征中，邓永耀注重在部队及群众中宣传鼓动，注重社会调查，注重扩大新兵，对敌斗争坚决勇敢。

全国抗日战争爆发后，邓永耀调任八路军第129师骑兵团政治委员，率部转战冀南一带，为开辟冀南抗日根据地做出重要贡献。在刚进入冀南的战斗中，他带领400名新兵，击退了由40多辆汽车运载的日寇，从此以骁勇善战著称。后调任冀南第5支队政治委员，率部转战于武邑、阜城、枣强一带，粉碎了日伪军多次"扫荡"。

1939年初，邓永耀调任第129师东进纵队政治部主任。3月3日晨，率部在武邑东南徐村与日军遭遇，他命令一部分战士掩护群众转移，一部分战士撤向邓庄村南设伏，自己带领30多名战士担负阻击任务。

在激战中，邓永耀打退了敌人的第一次冲锋，正准备向伏击地段转移时，不幸头部和腿部中弹昏倒在地。他在片刻的苏醒过程中，敦促战士赶快将敌人引入伏击圈，并举枪向敌人射击。最终，因流血过多牺牲，时年 27 岁。

邓永耀牺牲后，《新华日报》（华北版）于 1939 年 4 月 11 日刊载了《纪念邓永耀同志》一文，对他的抗日功绩给予了高度评价。武邑县军政民各界在他墓前立碑记述："邓公永耀先生，江南有志之士也……领导东纵驻军来武，以身作则，英勇杀敌先后数十役……武邑群众相见最切，相感最深。"

在邓永耀家乡茶陵县，他的英勇事迹被广泛宣传。1949 年后，茶陵人民继承革命先烈遗志，发扬战争年代拼死向前的革命精神，投入创造美好生活的建设大潮之中，将一个偏僻边远的贫困县建设成了交通便捷、产业兴旺的湘赣边界中心县，并于 2018 年 6 月实现脱贫摘帽。

王根英

枪林弹雨中"逆行"

　　王根英，1906 年出生于上海浦东。1925 年她参加五卅反帝爱国运动，在斗争中加入中国共产党。1938 年秋，王根英被调到八路军 129 师供给部财经干部学校任政治指导员。1939 年 3 月 8 日，师供给部和学校驻地遭日军突袭包围。在突围的危急关头，王根英发觉一个装有党内文件和公款的挎包没有带出来，毅然冲回村中去取，路上与日军遭遇，壮烈牺牲，年仅 33 岁。

　　中共一大会址纪念馆珍藏着这样两件文物：一个绣着图案和文字的白布书包和一块邮寄这个书包的包袱皮。这两件文物看似普通，背后却深藏一位革命母亲对幼子的深爱和挂念——这是 1935 年，一位共产党人从狱中寄给自己 6 岁儿子的。4 年后，这位母亲在日军突袭中毅然返回去取党内重要文件和公款，途中遭日军枪击壮烈牺牲，年仅 33 岁。她就是王根英烈士。

　　王根英，1906 年出生于上海浦东，9 岁起在外商纱厂当童工。1925 年她参加五卅反帝爱国运动，在斗争中加入中国共产党。

　　1927 年 4 月下旬，王根英作为上海代表，赴武汉参加党的第五次全国代表大会，随后出席全国第四次劳动大会，同时作为中国工人阶级的代表出席了在汉口召开的国际工人太平洋劳动大会。

　　在此期间，王根英与陈赓相识，并结为夫妻，不久奉命回到上海，在党中央机关担任地下交通工作。陈赓也辗转来到上海，在中共中央特科负责领导情报工作。在异常艰险的环境中，在特殊的秘密战线上，王根英全力掩护和协助陈赓的工作，为党中央提供了许多重要情报，营救了大批被捕的同志，保卫了党中央和中央领导人的安全。

　　1932 年，王根英担任全国总工会组织委员、女工部部长，积极组织领导上海工人运动。1933 年 12 月，由于叛徒出卖，王根英被捕入狱。在狱中，面对敌人的酷刑和非人的折磨，她坚贞不屈，与帅孟奇等共产党员一起，同敌人进行了艰苦斗争。在狱中，王根英也惦念着自己的家、自己的孩子。中共一大会址纪念馆珍藏的布书包就是王根英在南京老虎桥监狱中缝制的。

　　全国抗战爆发后，经党组织营救，王根英被释放出狱。1938 年秋，王根英被调到八路军 129 师供给部财经干部学校任政治指导员。

1939 年 3 月 8 日，师供给部和学校驻地遭日军突袭包围。在突围的危急关头，王根英发觉一个装有党内文件和公款的挎包没有带出来，毅然冲回村中去取，路上与日军遭遇，壮烈牺牲，年仅 33 岁。

王根英为了革命事业，随时能忘我地抛下一切，不顾危险，也不惧危险。"这就是'初心'！对于那些为了我们国家、为了我们党的事业献出生命的先辈来说，初心融入血液，体现在一次次舍小家为大家的人生选择上。"纪念馆陈列研究部副主任张玉菡说。

2018 年"七一"，中共一大会址纪念馆内的"忠诚与信仰"情景党课新加入了根据藏品改编的"王根英的书包"这个故事；同时，"忠诚与信仰"微广播剧也在通过网络，将王根英烈士的坚强精神和深厚母爱，向更多人讲述。

陈安宝

日寇未灭，何以家为

陈安宝，字善夫，1891年出生于浙江黄岩。1916年毕业于保定陆军军官学校步科第3期。全国抗日战争爆发后，陈安宝率部参加淞沪会战，因战功升任第29军军长兼第79师师长。1939年3月，陈安宝率部参加南昌战役。5月6日拂晓后，日军向陈安宝部发起攻击，部队伤亡十分惨重。午后5时，日军突破中国军队左翼龙里张阵地，双方进入白刃格斗，陷入混战状态。陈安宝带着随从冒着日机的轰炸赶往督战。途中，不幸中弹牺牲。这是位于杭州武林广场的烈士陈安宝雕塑。

金菊满地祭英烈，万里长空思忠魂。当下时节，浙江台州市民时常前往位于凤凰山的陈安宝烈士纪念园，瞻仰这位以身殉国的抗日名将。

沿凤凰山拾级而上，两侧是各界人士为烈士题写的挽词。山顶墓碑前，矗立着一座5米高的石柱，上书"抗日名将陈安宝之墓"九个大字。凤凰山下，横街镇秀丽的景色尽收眼底。今世繁华，告慰着烈士的英灵。

陈安宝，字善夫，1891年出生于浙江黄岩横街乡马院村（现属台州市路桥区横街镇）。1916年毕业于保定陆军军官学校步科第3期，在浙江陆军第2师任排、连长。1926年第2师改编为国民革命军第26军，陈安宝任营长，参加北伐战争。1930年后任团长、旅长。1933年任第79师副师长，1935年升任师长。

全国抗日战争爆发后，陈安宝率部参加淞沪会战，因战功升任第29军军长兼第79师师长。

1939年3月，陈安宝率部参加南昌战役。5月6日拂晓后，日军向陈安宝部发起攻击，部队伤亡十分惨重。午后5时，日军突破中国军队左翼龙里张阵地，双方进入白刃格斗，陷入混战状态。陈安宝带着随从冒着日机的轰炸赶往督战。途中，不幸中弹牺牲。

1939年夏，陈安宝的灵柩被运回家乡，安葬在家乡的凤凰山，沿途数万群众设祭。

1983年12月，浙江省人民政府批准授予陈安宝革命烈士称号。1984年4月，黄岩县决定，将抗战初期陈安宝捐资重建的作新小学，恢复命名"安宝小学"。路桥区政府将镇广场命名为"安宝广场"。陈安宝的英雄事迹，也编写为乡土教材，作为"开学第一课"进入路桥中小学课堂。

位于凤凰山的陈安宝烈士纪念园由烈士纪念馆、故居和烈士陵园三部分组成。纪念馆于 2014 年 9 月落成，建筑面积 1600 平方米。走进纪念馆，陈安宝将军纵马扬鞭、驰骋疆场的铜制雕像首先跃入眼帘。馆内史料讲述着陈安宝将军的报国人生，参观者无不满怀敬意、感佩连连。

每年清明节，路桥区都会举行公祭仪式，缅怀这位为国捐躯的英烈。在九一八"国难日"、9 月 30 日烈士纪念日、南京大屠杀死难者公祭日等重要日期，当地民众都会自发前往，举行纪念活动，追忆当年革命烈士浴血奋战的英雄事迹。

陈安宝烈士纪念馆负责人徐玮玮说，每次经过安宝广场，远远看到庄严肃穆的纪念馆，心中敬意油然而生。陈安宝将军精忠报国、不怕牺牲的大无畏精神，将永远激励家乡干部群众爱国爱乡、爱岗敬业，把脚下的这片土地建设得更加繁荣。

丁思林

"模范青年团" 团长

丁思林，1913 年 4 月出生在湖北黄安（今红安）县丁家岗一个贫苦农民家庭。1933 年 9 月加入中国共产党。1935 年参加长征。1939 年 7 月 5 日，日军 109 师团 107 联队 3000 多人向晋东南抗日根据地进行大"扫荡"。6 日，丁思林率新 1 团在云族镇同敌人激战两天。8 日，日军纠集兵力再次发动进攻，为掩护部队撤退，他主动阻击日军进攻。激战中，丁思林头部中弹，壮烈牺牲，时年 26 岁。图为丁思林的画像。

（丁思林）不仅是一个英勇顽强、机动灵活的好的指挥员，而且从十年的斗争中，锻炼出了他的忠于民族、忠于劳动人民、忠于党的坚强的意志。同时他还富有青年的突击精神，勇于任事、不怕困难、奋勉前进的特质。

——邓小平《悼丁思林同志》

不久前的深秋时节，记者走进大别山革命老区的湖北省红安县杏花乡隗店村丁家岗时，只见一派繁忙的丰收景象——村前的田地里，几位农民正在忙着挖红薯，不远处几台收割机正在稻田收割晚稻，村湾里还有几户人家正在翻新加盖小洋房。这个小山村，是抗日英烈、原八路军129师386旅新1团团长丁思林的家乡。

丁思林，1913年4月出生在湖北黄安（今红安）县丁家岗一个贫苦农民家庭。1933年9月加入中国共产党。1932年5月参加红军。曾任班长、排长、连长、营长。1934年后，任红四方面军第31军第93师第274团参谋长、第271团团长。1935年参加长征。

全国抗日战争爆发后，丁思林任八路军第129师386旅772团1营营长。1938年9月，任386旅新1团团长。他以英勇的精神和紧张的工作，协同与团结全团官兵，把一个新的部队，锻炼成一个有战斗力的、富于我军优良传统的主力团。1939年2月，在曲周县香城固的伏击战中，全歼日军安田中队和40联队补充大队，打死日军250余名，俘虏8名，毁掉汽车9辆，缴获火炮3门，枪百余支，粉碎了敌人破坏冀南根据地的阴谋。因表现出色，新1团被八路军总司令朱德赞誉为"模范青年团"，后又被八路军前方总部授予"朱德青年团"的光荣称号。

1939年7月5日，日军109师团107联队3000多人向晋东南抗日根据地进行大"扫荡"。6日，丁思林率新1团在云族镇同敌人激战两天。8日，日军纠集兵力再次发动进攻，为掩护部队撤退，他主动阻击日军进攻。激战中，丁思林头部中弹，壮烈牺牲，时年26岁。

为了表达对丁思林的哀思，时任八路军129师政委的邓小平在《新华日报》（华北版）上发表《悼丁思林同志》一文，赞扬他"不仅是一个英勇顽强、机动灵活的好的指挥员，而且从十年的斗争中，锻炼出了他的忠于民族、忠于劳动人民、忠于党的坚强的意志。同时他还富有青年的突击精神，勇于任事、不怕困难、奋勉前进的特质"，因此，他为上级、同级所信赖，为下级所尊敬，他的牺牲，"是全师的重大损失"。

丁思林的侄儿丁鸿鸣告诉记者，小时候经常听父亲讲二伯丁思林的英雄事迹，从小就立下了像二伯那样"为了崇高信仰而奋斗"的志向。

而烈士的故乡丁家岗，也早已不再是贫穷落后的山沟村，在时代的春风里成为了一座山清水秀、群山环拱、日渐富足的美丽村庄。

马耀南

投笔从戎 赤诚报国

马耀南，1902年出生在山东省长山县北旺庄（今淄博市经济开发区北郊镇北旺村）。1937年12月，马耀南参加黑铁山武装抗日起义，成立清河平原上中国共产党领导下的第一支抗日武装。1938年6月起义部队编为八路军山东人民抗日游击第3支队（后改称八路军山东纵队第3支队），马耀南任司令员。同年10月加入中国共产党。1939年7月22日，马耀南在桓台牛王庄战斗中遭敌伏击，壮烈殉国，时年37岁。

全国已入血战状态，自顾尚在此安逸消闲，能不愧死？

——马耀南

在山东省淄博市经济开发区北郊镇北旺村，一提起抗日英雄马耀南这位"马司令"，村民都能讲出关于他的故事。每年都有干部、群众来到马耀南故居，缅怀这位抗日爱国英雄。

马耀南，1902 年出生在山东省长山县北旺庄（今淄博市经济开发区北郊镇北旺村）。1930 年毕业于天津北洋大学机械工程系。学生时代积极投身反帝爱国运动，与进步同学一起组织反日会，到街头、农村宣传抗日救国，抵制日货。曾担任北洋大学学生联合会和天津市学生联合会的负责人。

1933 年，马耀南任长山中学校长，秉持教育救国的理念。卢沟桥事变爆发后，他对日本军国主义的侵略暴行万分愤慨。他在日记中写道："全国已入血战状态，自顾尚在此安逸消闲，能不愧死？"下定决心投入抗战的洪流。鉴于马耀南的抗日热忱，中共山东省委在制订抗日武装起义计划时，将长山中学作为重要的据点，在该校成立了党小组，直属省委领导，一批中共党员在该校担任教员，培养训练抗日干部。期间，马耀南表示："哀莫大于心死，苦莫过于国亡，愿尽自己的力量，通过学生、教员发动抗战，愿意接受共产党的领导。"并参加了中华民族解放先锋队。他以教学改革的名义对课程进行调整，大量充实抗战救国的内容。又以办民众夜校的名义开办游击干部训练班，由共产党人讲授军事、政治课。后来其中不少人成为武装起义的骨干和附近各县的抗日积极分子。

1937 年 12 月，马耀南参加黑铁山武装抗日起义，成立清河平原上中国共产党领导下的第一支抗日武装。在他的争取下，长山县保安大队也参加了起义部队。1938 年 6 月起义部队编为八路军山东人民抗日游击第 3 支队（后改称八路军山东纵队第 3 支队），马耀南任司令员。同年 10 月加入中国共产党。他率部与日军多次作战，围攻周村、破坏胶济路、坚守邹平城、激战刘家井子，重创敌人。

1939 年 7 月 22 日，马耀南在桓台牛王庄战斗中遭敌伏击，壮烈殉国，时年 37 岁。在他的教育影响下，他的两个弟弟马晓云和马天民也参加了八路军，并在抗战中先后为国捐躯。

为纪念马耀南的功绩，渤海区党委曾将山东省长山县改名为"耀南县"，并成立了"耀南中学"和"耀南剧团"。

如今北旺村已是当地的富裕村，大多村民都住上了楼房。"马耀南同志爱国、报国的赤诚之心一直激励着我们，他不怕牺牲、一心为国为民的精神是我们村宝贵的财富。我们也将继续以此为动力，在全面奔小康、乡村振兴中努力拼搏、奋斗。"北旺村党支部书记白新勇说。

杨裕民

抗日爱国知识分子的典范

　　杨裕民，又名杨十三。1889年生于河北省迁安县杨团堡村。1937年全国性抗日战争爆发后，杨裕民加入华北人民抗日自卫会任委员，参加抗日活动。1938年春，杨裕民任冀东抗日联军第1路军政治部主任。1939年6月，杨裕民从冀西来到太行山黎城八路军总部，他提出"必须搞工业，以保证军需"的建议得到了朱德的支持，受命在八路军总部负责军工工作。7月21日，因长期劳顿，重病积疴，医治无效病故，时年50岁。

　　国家在风雨飘摇之中，对我辈特增担荷；燕赵多慷慨悲歌之士，于先生犹见典型。

——毛泽东

　　冬日的河北省迁安市杨团堡村空气清冷，阳光温和照耀着宁静的乡村。这里曾走出了一位不平凡的人物——既是留美归国博士、中国著名造纸专家，也是大学教授、私立平民女子学校创办者，还是投笔从戎的抗日爱国志士——他，就是杨裕民。

　　杨裕民，又名杨十三。1889 年生于河北省迁安县杨团堡村。1906 年考入天津工艺学堂。后在南开中学、直隶省立高等工业专门学校读书。1916 年任天津直隶工业试验所化学工业科技士。1920 年赴美国学习造纸专业，获博士学位。

　　1924 年，杨裕民回到家乡。在父亲杨立三的支持下，创办"立三平民女子学校"。不限年龄，不论家庭贫富，学生免费入学。为了反抗男尊女卑的封建思想，他写下"女子有才便是德"的巨幅牌匾，悬挂在女子学校里。1928 年受聘于河北工学院，任教授兼斋务科主任。1931 年，首创"碱法亚硫酸盐苇浆造纸技术"。

　　1931 年"九一八事变"发生后，东北全境沦陷。杨裕民痛愤地说："御侮复仇，非讲求武备不为功。"在他的倡导下，河北工学院特别注重军训、体育、国术，他以身作则，每晨熹微即起，与学生同拳击，数年如一日。

　　1937 年全国性抗日战争爆发后，杨裕民加入华北人民抗日自卫会任委员，参加抗日活动。1938 年春，中共河北省委为迎接八路军东进抗日，计划在冀东举行大规模工农武装抗日大暴动。杨裕民任冀东抗日联军第 1 路军政治部主任，参与组织发动工作。6 月，八路军由平西出发到达冀东丰润、玉田后，他率部协同作战。七八月间，与日军作战 50 余次，毙敌甚众，收复玉田等 15 座县城。

　　1939 年 6 月，杨裕民从冀西来到太行山黎城八路军总部，他提出"必须搞工业，以保证军需"的建议得到了朱德的支持，受命在八路军总部负责军工工作。7月21日，因长期劳顿，重病积疴，医治无效病故，时年50岁。

"国家在风雨飘摇之中，对我辈特增担荷；燕赵多慷慨悲歌之士，于先生犹见典型。"在八路军总部为他召开的追悼大会上，毛泽东题写了《悼念冀东抗日英雄杨十三》的挽联。

"作为爱国知识分子的典范，杨十三可谓是倾其所有来支持抗日。"长期从事杨裕民研究的霍占良话语里满是崇敬，"他绝对当得起'毁家纾难'这四个字。"

"那个年代，他能够毅然离开富裕的家庭，投身革命事业，很难得。"杨团堡村前党支部书记杨士民说，这种精神激励了村里的后辈。在杨裕民的影响下，杨团堡村参军的人特别多，是出名的革命老区村。

叶辅平

革命队伍的军需先驱

　　叶辅平，又名叶全，1902年出生于广东省归善县。1926年5月，随叶挺独立团北伐先遣队，参加北伐战争。1928年6月加入中国共产党。1937年全国抗战爆发后，任新四军上校军需处长，为新四军的建设发展做出了贡献。1939年秋，叶辅平奉命回广东，在由香港押送军用物资途经广西南宁八塘附近，不幸发生车祸罹难，终年37岁。

在广东惠州惠阳区秋长街道办事处周田村，有一座建于 20 世纪 30 年代的独立式的客家民居，建筑面积 400 多平方米，二进五间，左右对称。这栋上、下两进组成的小四合院正是叶挺将军的胞弟叶辅平所建，亦称"育英楼"。

叶辅平，又名叶全，1902 年出生于广东省归善县秋溪乡（今惠阳区秋长街道）周田村一户普通农民家庭。7 岁进入私塾。13 岁时因家境窘迫辍学，留校做杂工。

1922 年，彭湃领导的海陆丰农民运动席卷东江。叶辅平与同村进步青年秘密建立起周田村第一个农会，并被选为会长。1925 年 2 月，东征联军进攻淡水，叶辅平率领上百农军和农民支前，配合作战。同年 11 月，叶辅平任叶挺独立团军需主任。1926 年 5 月，叶辅平随叶挺独立团北伐先遣队，参加北伐战争。

1927 年初，叶辅平任国民革命军第 11 军 24 师军需主任。5 月，筹集大批粮食和军需物资，为平定夏斗寅叛乱、保卫武汉做出了贡献。8 月 1 日，参加南昌起义，任第 11 军军需处长。8 月初，起义部队撤出南昌，叶辅平辗转香港，受命召集失散的 11 军人员，因目标暴露被迫离港暂避澳门。后从澳门返回家乡，继续投身革命。1928 年 6 月加入中国共产党。1929 年，叶辅平参加家乡组织的农民反税斗争。1930 年秋，国民党反动派集中兵力进行大规模清乡，地方反动分子十分嚣张，伪乡长叶贯文等公开勾结国民党反动派肆意杀害农会会员，叶辅平积极组织农民赤卫队与之进行周旋，捕杀伪乡长叶贯文为民除害。随后根据党的指示，转移香港，从事统战工作。

1937 年全国抗战爆发后，叶挺任新四军军长。叶辅平等奔赴南昌，任新四军上校军需处长，为筹集新四军军需物品奔忙，为新四军的建设发展做出了贡献。1939 年秋，叶辅平奉命回广东，在由香港押送军用物资途经广西南宁八塘附近，不幸发生车祸罹难，终年 37 岁。

1939 年 11 月 6 日，新四军《抗敌报》发表了沉痛哀悼叶辅平烈士的文章，寄托对其无限哀思。1954 年 7 月，惠阳县人民政府将他的遗骸从广西南宁运回惠阳周田家乡安葬，并建碑纪念，永志不忘。

由叶辅平修建的育英楼，作为惠宝人民抗日游击总队的诞生地，见证了东江儿女热血抗日、保卫家园的英勇事迹。1995 年，育英楼被列为惠阳市重点文物保护单位，2003 年重新修葺，2004 年列为惠州市文物保护单位。2011 年，育英楼被再次修葺，并按照惠宝人民抗日游击总队成立时的概貌予以恢复和布局，以再现历史，教育后人。2015 年，育英楼被列为省级重点文物保护单位。

吴焜

威震日寇建奇功的新四军"虎将"

吴焜，又名吴琨，1910年出生于四川省万县（今属重庆市万州区）一个雇农家庭。1930年加入中国共产党。1938年初，吴焜任新四军第3支队第6团副团长，和团长叶飞奉命率部进入苏南茅山地区，创建敌后抗日根据地，因作战勇敢被称为"虎将"。1939年9月，吴焜率江南抗日义勇军6团撤离东路地区。撤离途中，在江阴马镇乡湖塘里定山一带遭到突然袭击。吴焜在指挥战斗时头部中弹，壮烈牺牲，时年29岁。

夜袭苏州浒墅关火车站、夜袭上海虹桥机场……新四军著名"虎将"吴焜参加的这些著名战斗，在抗日战争最艰苦的岁月，鼓舞了全国人民的抗日信心。

吴焜，又名吴琨，1910 年出生于四川省万县（今属重庆市万州区）一个雇农家庭。1926 年入军阀杨森的部队。1930 年，携枪参加王维舟领导的四川工农红军第一路游击队（后改组为川东游击军）。同年加入中国共产党。

1933 年 11 月，川东游击军改编为红四方面军第 33 军，吴焜先后任营长、团参谋长，参加了川陕苏区反"六路围攻"。1935 年参加长征。1936 年任红六军团第 17 师 50 团团长。

1938 年初，吴焜任新四军第 3 支队第 6 团副团长。1938 年 5 月，和团长叶飞奉命率部进入苏南茅山地区，创建敌后抗日根据地。因作战勇敢被称为"虎将"。

1939 年 5 月，吴焜任江南抗日义勇军指挥部副总指挥兼二路司令，与总指挥叶飞一起指挥部队东进，在江阴、无锡、苏州、常熟、太仓地区开展游击战争，开辟了苏、常、太抗日游击根据地。

1939 年 6 月 24 日晚，吴焜率部夜袭苏州浒墅关火车站，全歼日军 55 人和伪军 1 个中队，焚毁车站，炸毁铁轨，致使日军重要的交通线宁沪铁路停运 3 天。7 月 23 日晚，参加夜袭虹桥机场的战斗。在国内外造成重大影响，极大地振奋了上海及全国人民的抗日信心。至 8 月，通过改编苏、常、太和江阴等地区零星分散的抗日武装，江南抗日义勇军发展到 5000 余人。

吴焜战斗作风勇猛顽强。在战斗中，他总是身先士卒，临危不惧，还常常亲自吹响冲锋号率部冲向敌人。

1939年9月，吴焜率江南抗日义勇军6团撤离东路地区。撤离途中，在江阴马镇乡湖塘里定山一带遭到"忠义救国军"的突然袭击。吴焜在指挥战斗时头部中弹，壮烈牺牲，时年29岁。

吴焜牺牲后，江南抗日义勇军总指挥部举行追悼会，陈毅致悼词，表达对烈士的哀思。新中国成立后，吴焜烈士墓由江阴迁至南京市雨花台烈士陵园。1985年清明节，江阴市人民政府在定山南麓修建了"吴焜烈士埋葬处纪念碑"。2003年，吴焜烈士墓重建。

如今，吴焜家乡重庆市万州区发生了翻天覆地的变化，已建设为人口达176万，拥有机场、高铁、高速公路、深水港码头和海关口岸的三峡库区中心城市。当地政府在万州革命烈士陵园烈士事迹展览馆里专题设置吴焜革命事迹展，并将其事迹编入万州党史地方志资料和英烈传等书籍，传承发扬烈士革命精神。

郭征

少年负壮气　奋烈击征程

　　郭征，原名郭辉勉，1914年生于江西省泰和县。1930年7月，郭征到赣西南红军干部学校学习。1931年1月加入中国共产党。1934年10月，郭征随中央红军主力长征。1939年9月25日上午，驻守在正定、无极等地的1500余名日伪军，企图打开进攻我晋察冀抗日根据地的通路，我军与敌人展开了激烈的战斗。29日黄昏，我军向敌人发起了总攻，激战中，郭征胸部和头部中弹负伤，因伤势过重牺牲，年仅25岁。

"郭征是一面旗帜，我每年都会带着孩子去祭拜烈士，学习他的革命精神。"江西省泰和县冠朝镇大冈村村民郭黎明说。

郭征，原名郭辉勉，1914年生于江西省泰和县冠朝乡楼居村一个贫农家庭。1923年入墩睦堂小学就读。土地革命战争时期，江西省泰和县的农民运动和革命武装斗争风起云涌。父亲郭尚球曾任沙村区大冈乡中共支部书记。在父亲的言传身教下，郭征加入儿童团，参加革命活动。

1930年7月，郭征到赣西南红军干部学校学习。同年10月到红十二军司令部当传令兵。1931年1月加入中国共产党。先后任传令班班长、团参谋、九军团司令部侦察通信科参谋。

1934年10月，郭征随中央红军主力长征，由于工作认真负责，完成任务积极坚决，遵义会议后，任九军团司令部侦察通信科科长。1937年1月参加抗大第二期学习。同年8月毕业后，任八路军120师侦察科科长，随军开赴山西抗日前线。在晋西北抗日根据地一年的时间里，他随师部组织的地方工作团来到五寨地区，广泛发动群众，宣传《抗日救国十大纲领》，筹集粮款，组建抗日武装。先后任五寨城区自卫队队长、学生兵团参谋长。

1939年1月，郭征随120师主力到达冀中。同年2月，任独立第4支队第2团团长。4月，独立第4支队和715团编为120师独立一旅，郭征任参谋长。齐会战斗中，他和旅首长亲临前线指挥部队，击退了敌人的多次进攻，取得歼灭日军700余人的重大胜利。在冀中八个月的时间里，郭征参加和指挥过大小战斗110多次，他始终战斗在最前线，沉着机智地指挥部队。

1939年9月25日上午，驻守在正定、无极、行唐和灵寿等地的

1500 余名日伪军，企图打开进攻我晋察冀抗日根据地的通路。为了粉碎敌人的阴谋，我军与敌人展开了激烈的战斗。经过三天两夜的激战，歼敌 1200 余人，只剩下残敌占据的最后一个高地。29 日黄昏，我军向敌人发起了总攻，激战中，郭征胸部和头部中弹负伤，因伤势过重牺牲，年仅 25 岁。葬于河北省行唐县秦台村。1985 年冬骨灰归葬故土。

1998 年，中共泰和县委、泰和县人民政府将郭征烈士墓命名为爱国主义教育基地，并于 2005 年拨款维修。

冠朝小学五年级的学生郭瑞杰 2018 年清明节和全班同学一起参与了扫墓。他说："我当时把墓碑旁边的树叶都打扫干净了，郭征爷爷是我们的骄傲，我们会永远铭记他。"

魏大光

"为国家尽了大忠，
为民族尽了大孝"

魏大光，1911 年出生于河北省霸县（今霸州市）一个农民家庭。全国抗战爆发后，魏大光回乡组织起 1000 多人的抗日武装，1938 年 3 月率部接受中国共产党的领导和整编，任华北人民抗日联军第 27 支队司令员，1939 年 4 月改编为八路军第 120 师独立 2 旅，他任旅长。从此，这支部队进入野战军行列，成为中国人民抗日武装的一支主力军。8 月 26 日在霸县大宁口村北与日军遭遇，魏大光在战斗中壮烈牺牲，时年 28 岁。

魏大光同志年仅 28 岁就牺牲了，这是我党我军的一个重大损失，人民将永远怀念他。

——廖汉生

　　"魏大光先烈英勇杀敌、壮烈牺牲，他是我们的骄傲，也是我们学习的榜样。"魏大光烈士祖籍所在地河北省霸州市大韩家堡村党支部委员张广杰表示，没有英烈，就没有我们今天的好日子，要把他们的革命精神不断传承下去。

　　魏大光，1911 年出生于河北省霸县（今霸州市）一个农民家庭。1935 年到天津当搬运工，积极参加抗日救亡活动。1936 年冬因破坏日商在天津开设工厂的配电装置而被捕入狱。在狱中他结识了不少革命难友，懂得了许多革命道理。他常对别人说：我是在监狱里上的革命大学。

　　1937 年全国抗战爆发后，魏大光回乡组织起 1000 多人的抗日武装，曾指挥所部取得永清吴家场反日军包围战斗的胜利。1938 年3 月率部接受中国共产党的领导和整编，任华北人民抗日联军第 27支队司令员。为提高部队战斗力，他对部队进行整顿，制定了各种规章制度，加强了思想政治工作，并紧紧依靠人民群众的支持，使部队面貌焕然一新，迅速发展到 6000 余人。他指挥部队在武清、霸县一带进行英勇机智的抗日游击斗争，取得霸州王庄子村中亭堤伏击战、胜芳保卫战等战斗的胜利。他还经常派人潜入天津市区，破坏敌人输电线路等设施，搅得敌人惊恐不安。日军多次派遣特务打入 27 支队，均被粉碎。1938 年 11 月，日军对津西地区进行第二次"扫荡"，第27 支队奉命向大清河南转移开赴冀中。部队中一些人不愿离开家乡，产生离队思想。魏大光深入基层做艰苦细致的思想工作，反复阐明只有在党的直接领导下，才能发挥更大的作用。同月底，部队到达任丘青塔镇一带，改编为八路军第 3 纵队兼冀中军区独立 5 支队，魏大光任司令员。1939 年 4 月又改编为八路军第 120 师独立 2 旅，他任旅长。

从此，这支部队进入野战军行列，成为中国人民抗日武装的一支主力军。随后，他率部参加了著名的齐会战斗。

5月，贺龙派魏大光回霸县、永清等地扩编抗日队伍。他不辞辛劳，与各地武装首领进行广泛接触，宣传中国共产党的抗日主张。至8月间，将霸县、安次、永清等十几支抗日武装千余人收拢起来，在永清刘靳各庄一带集中。26日在霸县大宁口村北与日军遭遇，战斗中壮烈牺牲，时年28岁。独立第2旅副旅长廖汉生惋惜地说："魏大光同志年仅28岁就牺牲了，这是我党我军的一个重大损失，人民将永远怀念他。"

1939年9月，在河北省灵寿县召开的追悼大会，由廖汉生主持，贺龙、关向应送了挽联。不久，叶剑英参谋长在《八路军军政杂志》上发表了《悼八路军魏旅长大光光荣殉国》的文章，称他是"为国家尽了大忠，为民族尽了大孝"。

杨靖宇

白山黑水铸忠魂

　　杨靖宇，原名马尚德，1905年出生于河南省确山县一个农民家庭。学生时代积极投身反帝爱国运动。1925年6月，加入中国共产主义青年团。1926年加入中国共产党。1939年在东南满地区秋冬季反"讨伐"作战中，他与魏拯民等指挥部队化整为零、分散游击。自己率警卫旅转战濛江一带，最后只身与敌周旋5昼夜。他以难以想象的毅力，坚持和敌人进行顽强斗争，直至弹尽，于1940年2月23日在吉林濛江三道崴子壮烈牺牲。

　　一个忠实的共产党员，为民族解放事业，头颅不惜抛掉，鲜血可以喷洒，而忠贞不贰的意志是不会动摇的，最后胜利的决心是坚定的。

——杨靖宇

从河南省驻马店市区向南走 6 公里，广场上一座杨靖宇将军的雕像赫然矗立，这里就是杨靖宇将军纪念馆所在地。纪念馆里共展出图片 400 余幅、文物 120 余件，从杨靖宇将军出生到为国捐躯，真实生动地记录了他辉煌壮丽的一生。

杨靖宇，原名马尚德，1905 年出生于河南省确山县一个农民家庭。学生时代积极投身反帝爱国运动。1925 年 6 月，加入中国共产主义青年团。1926 年加入中国共产党。大革命失败后，组织确山起义，任农民革命军总指挥。1928 年秋到开封、洛阳等地从事秘密革命工作。1929 年春赴东北，任中共抚顺特别支部书记，领导工人运动。在河南和东北曾 5 次被捕入狱，屡受酷刑，坚贞不屈。

1931 年"九一八事变"后，任中共哈尔滨市委书记，兼满洲省委军委代理书记。1932 年秋被派往南满，组建中国工农红军第 32 军南满游击队，任政治委员，创建了以磐石红石砬子为中心的游击根据地。1933 年 9 月任东北人民革命军第 1 军第 1 独立师师长兼政治委员。1934 年 4 月联合 17 支抗日武装成立抗日联合军总指挥部，任总指挥。同年任东北人民革命军第 1 军军长兼政治委员。1936 年 6 月任东北抗日联军第 1 军军长兼政治委员。7 月任东北抗日联军第 1 路军总司令兼政治委员。杨靖宇率部长期转战东南满大地，打得敌人心惊胆战，威震东北，配合了全国的抗日战争。日伪军连遭打击后，加紧对东北抗日联军的军事讨伐、经济封锁和政治诱降，同时对杨靖宇悬赏缉捕。在极端艰难的条件下，他以"头颅不惜抛掉，鲜血可以喷洒，而忠贞不贰的意志是不会动摇"的崇高气节，继续坚持战斗。中共六届六中全会曾致电向以杨靖宇为代表的东北抗日武装表示慰问，赞之为"冰天雪地里与敌周旋 7 年多的不怕困苦艰难奋斗之模范"。

1939 年在东南满地区秋冬季反"讨伐"作战中，他与魏拯民等指挥部队化整为零、分散游击。自己率警卫旅转战濛江一带，最后只身与敌周旋 5 昼夜。他以难以想象的毅力，坚持和敌人进行顽强斗争，直至弹尽，于 1940 年 2 月 23 日在吉林濛江三道崴子壮烈牺牲。残忍的日军将其割头剖腹，发现他的胃里尽是枯草、树皮和棉絮，竟无一粒粮食。为纪念他，1946 年东北民主联军通化支队改名为杨靖宇支队，濛江县改名为靖宇县。

"杨靖宇纪念馆自 2009 年起开始免费对外开放。自开放以来，前来参观的团体和个人络绎不绝，很多行政机关、企事业单位、驻地部队、社会团体均在纪念馆内举行爱国主义教育、入党宣誓等活动。"杨靖宇将军纪念馆负责人程娜表示，纪念馆 2018 年接待参观人数 40 余万、参观团体数百个，成为对广大干部群众、青少年学生、部队官兵进行爱国主义教育、培育民族精神的重要阵地。

郑作民

尽忠报国、抗日捐躯的英雄

郑作民，1902 年生于湖南省新田县。1924 年，郑作民考入黄埔军校第 1 期。历任排长、连长、营长、团长、旅长等职。抗日战争全面爆发后，任国民革命军第 2 军第 9 师代理副师长。1938 年晋升为师长。1940 年，郑作民指挥部队对日军发起佯攻，以掩护部队转移，行至广西上林县时遭到日军战机轮番袭击。郑作民被炸弹击中牺牲，时年 38 岁。

在湖南省新田县新圩镇高山村，一栋有着民国时期建筑风格的房子格外引人注目。一代英烈郑作民在这里出生、成长，走向忠烈报国之路。作为烈士事迹的载体，郑作民故居在 2012 年开始修缮后，不断有人前来参观、凭吊。

郑作民，别名振华、文贝、治新，1902 年生于湖南省新田县。自幼家境贫寒，靠父亲抬轿、挑煤炭、打短工挣钱供读私塾、初小、高小，一直到甲种师范。

1924 年，郑作民考入黄埔军校第 1 期。历任排长、连长、营长、团长、旅长等职。抗日战争全面爆发后，任国民革命军第 2 军第 9 师代理副师长。1938 年晋升为师长。

1939 年郑作民升任第 2 军副军长兼 9 师师长。先后参加淞沪会战、徐州突围战等战役。

1940 年 1 月，为配合杜聿明的第 5 军向日军强攻，收复昆仑关，郑作民奉命率部驰援南宁。所部到达广西昆仑关后，立即投入战斗，在其他部队的协助下，收复了昆仑关。

1940 年 2 月 22 日，日军凭借空中优势，攻占宾阳，严重威胁昆仑关。3 月 3 日，郑作民所部奉命撤退。他指挥部队对日军发起佯攻，以掩护部队转移，行至广西上林县时遭到日军战机轮番袭击。郑作民被炸弹击中牺牲，时年 38 岁。

郑作民牺牲后，中共中央在延安召开有党、政、军、民参加的追悼大会，毛泽东、周恩来、朱德分别题写挽词："尽忠报国""为国捐躯""取义成仁"。

曹亚范

鏖战在白山黑水间的抗联指挥员

曹亚范，1911 年出生于北京的一户贫寒人家。1931 年春，加入中国共产党。1936 年，曹亚范成为东北抗联第 1 军第 2 师师长，率部转战长白山区，挫败日伪军多次"讨伐"。1940 年 4 月 8 日，在带队外出筹粮时，曹亚范被叛徒杀害，年仅 29 岁。

吉林省辉南县金川镇烈士陵园内，一座卧式大理石烈士墓格外显眼，上面书写着"曹亚范烈士墓"六个大字。这位从教书先生成长起来的抗日英雄就长眠于此。

曹亚范，1911年出生于北京的一户贫寒人家，13岁时被送进香山慈幼院。1924年，中国共产党在慈幼院建立地下组织，播下革命火种。因此，曹亚范接受了马克思主义的启蒙教育和革命思想。后被北京的党组织派赴东北。1931年春，他加入中国共产党。"九一八事变"后，他把打击日伪军作为工作重点。

在艰苦的斗争中，曹亚范十分重视群众的利益。为保障游击队和人民群众有足够的粮食吃，他要求每人至少贮备15天的粮食。每当敌人"讨伐"时，他总是不顾个人安危，首先安排好群众转移，并指派专人照料老人和儿童，随后同游击队员一起参加战斗。

1936年3月，曹亚范担任东北抗日联军第2军第3师政治委员，参与指挥部队从安图转战至抚松、临江一带，取得松树镇、大洋岔、小汤河等战斗的胜利，扩大了游击区。同年，他成为东北抗联第1军第2师师长，率部转战长白山区，挫败日伪军多次"讨伐"。

满腔的爱国热血让这位年轻人不知疲倦，深山中的恶劣环境也不曾让他退缩。

2015年，92岁的黄殿军老人接受采访时回忆，作为当时曹亚范的传令兵，年仅13岁的他被抗联战士们摸着脑袋喊作"黄小孩"。"那时的条件苦哇！常吃不上饭，有时只能煮煮干硬的玉米粒，甚至煮没去皮的谷子……可这些不耽误打仗！"他回忆，周旋于深山密林的抗联最怕冬天，零下40多摄氏度的低温，常常大雪没膝，行军要踩在一个脚印上，避免暴露踪迹。没有住的地方，战士们就砍卜松枝睡在上面，往往睡十几分钟就被冻醒，又赶紧起来烤火。

但这样艰苦的环境没有让曹亚范和战士们畏惧。1938 年除夕夜，曹亚范指挥部队出其不意地攻入孟家沟"集团部落"，敌军惊慌逃遁。当部队将缴获的大量粮食、衣服收拾完毕，准备转移时，在回头沟东又与四五百名敌军遭遇。曹亚范临危不惧，果断指挥应战。抗联将士势如猛虎，敌人抱头鼠窜。逃回敌人营地的士兵如惊弓之鸟，日夜心惊胆战，有的甚至在梦中惊叫："快逃呀，曹亚范来了！"曹亚范之名威震敌胆。

1940 年 2 月，东北抗联领导人之一的杨靖宇将军殉国，曹亚范怀着满腔悲愤，率领部队向敌人展开了更加猛烈的攻势……先后袭击伪警防队和伪森警部队，在临江三岔子东南袭击了伪军第六团和森林警察部队，在濛江湾痛击了敌长岛工作班、毙敌 11 名……

当一切都在向胜利前进时，敌人也将目标集中在这个穿梭于白山黑水间的指挥员身上。1940 年 4 月 8 日，在带队外出筹粮时，曹亚范被叛徒杀害，年仅 29 岁。将星陨落，天地悲凉。

1948 年 1 月 1 日，中共中央东北局曾专门做出决定，表彰东北抗日联军的历史功绩，称赞东北抗联的英勇斗争"是中国共产党光荣历史不可分的一部分"。

2014 年 9 月，民政部公布的第一批著名抗日英烈和英雄群体名录中，曹亚范的名字赫然在列。

吉林省辉南县民政局优抚安置科科长闫丽霞介绍，为纪念这位抗日英雄，1958 年，吉林省辉南县金川大龙湾西山坡革命烈士墓地内修筑了曹亚范烈士之墓。2013 年，在辉南县零散烈士纪念设施保护项目实施抢救保护工程中，曹亚范烈士之墓又被重新修筑。如今，作为省级爱国主义教育基地，这里每年仍然会有许多党员、群众前来瞻仰纪念这位民族英雄。

鲁雨亭

毁家纾难　抗日殉国

鲁雨亭,1899年出生于河南省永城县(今永城市)。1939年8月,永城游击队正式改编为新四军游击支队第一总队,鲁雨亭担任总队长。9月,鲁雨亭加入了中国共产党。1940年4月1日,日军3000余人分四路向芒砀山区分进合击。鲁雨亭被敌人重兵围困于李黑楼阵地,他带领部队与日寇展开殊死的血战,不幸壮烈牺牲,以身殉国,时年41岁。

要救国救民及达到世界人类真正的和平与幸福,自己只有站在马克思、列宁的旗帜下,坚决服从共产党的领导,才能为国为民建功立业。

——鲁雨亭

他曾是国民党军队少将，为了民族复兴与国家富强，却舍弃高官，毁家纾难，毅然投身抗战事业，最终以身殉国——他就是著名抗日民族英雄鲁雨亭。

鲁雨亭，1899年出生于河南省永城县（今永城市），1920年毕业于河南开封宏威士官学校，先后担任军法官、军法处处长、县长等职。1931年"九一八事变"后，他奋笔写下《国难中敬告全国当局书》一文，发表于10月21日天津《大公报》，奉劝当局"立息内战，止戈言和""牺牲成见，忍痛救国"。1937年初，鲁雨亭出任河北省保安处秘书长。同年11月，经李宗仁推荐，他被委任为永城县县长，为抗日救亡，他组织成立永城县民众抗日救亡动员委员会，开办青年训练班，组织工作团，在全县推动抗日救亡运动。在中共永城县委的帮助下，鲁雨亭变卖家产，购买枪支弹药，筹集活动经费，在永城组织抗日联防自卫队等抗日武装，并于1938年11月正式建立了永城县抗日游击队。在鲁雨亭等领导下，游击队活动在永（城）、夏（邑）、砀（山）、萧（县）一带，打开了芒砀山区的抗日局面。

1939年1月，彭雪枫率新四军游击支队到达永城一带，开辟豫皖苏抗日根据地。鲁雨亭派人与新四军建立联系，并根据自己多年的经历做出重大抉择，走共产党的路，请求将永城游击队编入新四军。他由衷地表示："要救国救民及达到世界人类真正的和平与幸福，自己只有站在马克思、列宁的旗帜下，坚决服从共产党的领导，才能为国为民建功立业。"

1939年8月，永城游击队正式改编为新四军游击支队第一总队，鲁雨亭担任总队长。9月，由新四军游击支队参谋长张震等介绍，经中共中央批准，鲁雨亭加入了中国共产党，开始了新的革命征程。他率领第一总队活跃在芒砀山区，打击日伪军。在几个月的战斗中，毙伤日伪军数百人，部队发展壮大到近 3000 人。

1940 年 4 月 1 日，日军 3000 余人分四路向芒砀山区分进合击。鲁雨亭身先士卒，战斗在第一线，率领部队多次打退敌人的进攻。鲁雨亭被敌人重兵围困于李黑楼阵地，他放弃安全突围的机会，带领部队与日寇展开殊死的血战，不幸壮烈牺牲，以身殉国，时年 41 岁。

鲁雨亭烈士后人为传承烈士精神，2008 年开始发起"雨亭行动"，以当年鲁紫铭、鲁雨亭父子在故乡兴学时"为国储才"的遗训为主旨，"以雨润才，以亭护才"。

鲁雨亭纪念馆负责人陈体坤表示，如今"雨亭行动"系列活动的长期持续开展，对于纪念鲁雨亭烈士，教育引导广大人民群众特别是广大青少年学习先烈精神、传承先烈精神和革命信念，继承发扬革命传统起到了重要作用。

李林

威震冀南的英雄团长

李林，原名李朝法，字惠卿，1914年出生于河北威县北马庄村。1930年加入中国共产党。1940年10月，李林率部在沧石路秦村与日军遭遇，经过激烈拼杀，消灭大部遭遇之敌，后打扫战场时，遭1名残敌偷袭牺牲，年仅26岁。

河北省威县烈士陵园内，矗立着一座庄严肃穆的纪念堂。纪念堂内东侧墙上挂有一位著名的抗日英烈生前遗像，他英姿俊朗，神态坚毅。曾有诗云其"昨日从戎投笔砚，如今为文卸征衣。学得文武双本领，再返血染沙丘地"。这就是抗日英烈、时任八路军第 129 师新编 9 旅 25 团团长兼政治委员李林。

李林，原名李朝法，字惠卿，1914 年出生于河北威县北马庄村。他 7 岁开始接受启蒙教育，从小练就了一身好武功。1929 年考入本县乡村师范学校，在校期间，他首次接触马列主义书籍，思想发生了深刻变化。

1930 年，李林加入中国共产党，入党后在本县做小学教员。任教期间，他组织流动图书馆，积极宣传革命思想，鼓励广大教师行动起来，和剥削者进行斗争。李林经常深入农村，发展基层党组织，建立了一批农村党支部。

1935 年秋，李林参加冀南农民武装暴动，在广（宗）威（县）一带组织游击小分队，开展收缴地主枪支、铲除官绅恶霸的斗争，在广威一带声威大震，很快形成了 2000 余人的农民武装。1936 年 1 月任华北人民抗日救国军第 1 师副连长兼排长，指挥一个连的兵力，在威县、广宗、巨鹿、南宫的三角地带开展了大规模的武装斗争。

1936 年秋，李林在石家庄做地下工作。当时石家庄党组织活动经费紧张，没有生活补贴。李林鼓励同志们说："我们都有健康的体魄，哪能光靠组织呢！"从此，他时常出现在闹市中，替人推水车，做水泥工，什么苦力活都干，每天挣几个铜板，和大家一起用。

1937 年 2 月，李林被派到延安中共中央党校学习。1938 年 3 月任中共广（宗）威（县）中心县委书记，建立了地方抗日政权，建立拥有 100 多支枪的游击队和两个县区武装。同年 4 月，他先后调任冀南独立支队政治委员、第一军分区司令员。1938 年底组建了赵县、藁城、束鹿、晋县、宁晋、栾城等县抗日民主政府和各县游击大队。

冀中、冀南两个抗日根据地的迅速发展，对日军造成了很大威胁。日军除了对根据地和正规部队进行大规模"扫荡"外，还推行"囚笼战术"，将两个地区分割成若干小块，每隔二三华里修建一个炮楼。为了打破敌人的"囚笼战术"，抗日根据地军民于 1940 年夏季开展了大规模的破路斗争。

1940 年，李林调任八路军第 129 师新编 9 旅第 25 团团长兼政治委员，多次组织、实施破袭战，有效打击了敌人的"囚笼战术"。在 1940 年秋季的百团大战中，李林率部取得歼灭日军井川大队 1 个分队、缴获大量枪炮和弹药的战绩，受到八路军总部通令嘉奖。同年 10 月，李林率部在沧石路秦村与日军 70 多人遭遇，经过激烈拼杀，消灭大部遭遇之敌，后打扫战场时，遭 1 名残敌偷袭牺牲，年仅 26 岁。

为了纪念李林，威县建有烈士陵园，编著《红色的土地英雄的人民——冀南区首府威县革命斗争纪实》一书，将其事迹进行整理、传颂。作为邢台市爱国主义教育基地，每年前来威县烈士陵园参观的机关单位人员、学生、游客等社会各界群众达 10 万人次。

张自忠

力战而死　无愧民族

张自忠，字荩忱，1891 出生于山东临清唐园村（现为临清市唐园镇唐园村）。1911年考入天津北洋法政学堂，同年底秘密加入同盟会。1914 年，张自忠投笔从戎。1937年"七七事变"后，全民族抗日战争爆发，张自忠先后任第 59 军军长、第 33 集团军总司令兼第 5 战区右翼兵团总指挥。1938 年3 月，日军进犯台儿庄，张自忠奉命率第 59军增援，为台儿庄大捷赢得了时间。1940 年5 月，中国军队与日军 15 万精锐部队在枣阳、襄阳、宜昌等地进行枣宜会战。张自忠亲自率领部队与日军决战，牺牲时身中 7 弹。

为国家民族死之决心，海不清，石不烂，绝不半点改变！

——张自忠

张自忠是从山东临清唐园村走出的著名抗日爱国将领。他年少时弃学从戎，自 1914 年至 1940 年的 20 多年里，多次临危受命，奋勇杀敌，最终战死沙场，以身殉国，为后世所敬仰。

张自忠，字荩忱，1891 年出生于山东临清唐园村（现为临清市唐园镇唐园村）。6 岁入私塾，后随父至江苏，14 岁因父亲去世随母亲归乡。1908 年入临清高等小学堂读书，1911 年考入天津北洋法政学堂，同年底秘密加入同盟会。1912 年转入济南法政专科学校，投身于山东的革命运动中。

1914 年，张自忠投笔从戎，投奔奉天省新民县新民屯陆军 20 师 39 旅 87 团团长车震。车震欣赏张自忠不怕吃苦、意志坚韧，且有同乡之谊，1917 年 9 月把他介绍给冯玉祥。张自忠颇受冯玉祥赏识，1921 年升任冯玉祥卫队团第 3 营营长，1924 年升任学兵团团长，1925 年 1 月升任第 15 混成旅旅长。

1927 年，冯玉祥率西北军参加北伐，任国民革命军第二集团军总司令，张自忠升任第 28 师师长兼第 2 集团军军官学校校长。无论练兵还是做事，他都非常勤奋认真，以身作则，身先士卒。

1931 年"九一八事变"后，西北军被改编成第 29 军，张自忠任 38 师师长，承担长城防务。1933 年日军进逼长城一线，他任喜峰口第 29 军前线总指挥，奋勇击退日军，守住了阵地。

1937 年"七七事变"后，全民族抗日战争爆发，张自忠先后任第 59 军军长、第 33 集团军总司令兼第 5 战区右翼兵团总指挥。他一战淝水，再战临沂，三战徐州，四战随枣，所向披靡。1938 年 3 月，日军进犯台儿庄，张自忠奉命率第 59 军增援，为台儿庄大捷赢得了时间。

张自忠曾亲笔写信告谕官兵："为国家民族死之决心，海不清，石不烂，绝不半点改变！"

1940 年 5 月，中国军队与日军 15 万精锐部队在枣阳、襄阳、宜昌等地进行枣宜会战。张自忠亲自率领部队与日军决战。日军以飞机和大炮轰击鄂北南瓜店，张自忠派自己的卫队前去增援。一颗炮弹突然在指挥所附近爆炸，弹片炸伤了张自忠的右肩，紧接着一颗流弹又击穿他的左臂，鲜血染红了军装。张自忠强撑着给第 5 战区司令部写下最后一份报告，并告诉副官："我力战而死，自问对国家、对民族可告无愧。"

张自忠此时已两处负伤，正在包扎第二处伤时，敌弹又洞穿了他的前胸。他说："我不行了。你们快走！"这时，有数名日本兵搜索而来，张自忠就势抓住敌枪，一跃而起，还未站稳，就被日军猛刺一刀。

张自忠牺牲时身中 7 弹。这位年仅 49 岁的抗日爱国将领的牺牲，令全国悲悼。5 月 23 日，他的灵柩由 10 万民众护送，在宜昌上船、送到重庆，葬在北碚的梅花山。遗体转运途中，各地群众冒着被敌机侵袭的危险，自发前往迎送，表达对英烈的缅怀和敬仰。

8 月 15 日，延安各界人士 1000 余人为张自忠举行隆重的追悼大会。毛泽东、朱德、周恩来分别送了"尽忠报国""取义成仁""为国捐躯"的挽词。

张自忠是抗日战争时期牺牲在疆场上的唯一一位集团军总司令。将军虽已长逝，但英风浩气与世长存。

节振国
刀劈日本宪兵的
抗日民族英雄

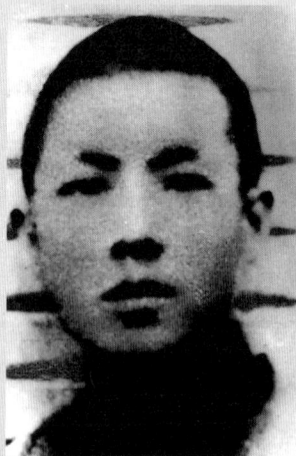

　　节振国，1910 年出生于山东武城县刘堂村（今属河北故城县）一个贫苦农民家庭。1938 年 7 月起，节振国率领部队活跃在矿区和广大农村，发动矿工参加抗日武装，神出鬼没地打击日伪军，威震冀东。在党的领导下，节振国率领的工人特务大队越战越勇，后改编为八路军第 12 团 1 连，为开辟冀东抗日新局面做出重要贡献。1939 年秋，节振国光荣地加入中国共产党。1940 年 8 月，在率部与日伪军作战时壮烈牺牲，时年 30 岁。

在河北省衡水市衡水青年公园，冀东著名抗日英雄节振国的铜像肃然而立。他刀劈日本宪兵的英雄事迹至今在冀东大地流传。

节振国，1910 年出生于山东武城县刘堂村（今属河北故城县）一个贫苦农民家庭，10 岁随父兄逃荒到开滦赵各庄煤矿，14 岁起进矿当工人。

1938 年 3 月，开滦煤矿爆发了声势浩大的罢工运动，节振国被推举为赵各庄矿工人纠察队队长。5 月 6 日，大批日伪宪兵包围节家，搜捕节振国等工人领袖。敌人抓住了节振国的哥哥，刚回家的节振国冲上去与敌人展开殊死搏斗。搏斗中，他夺过日本宪兵队长的军刀，当场劈杀日本宪兵队长和数名日伪军，后在工友们的帮助下冲出敌人的包围和追捕，负伤脱险。节振国刀劈日本宪兵的消息震动了冀东，激发了百姓的抗日热情，矿工们奔走相告："节振国是好样的！"

节振国伤愈时，正逢冀东抗日大暴动。他闻讯后迅速联络矿工，组成工人抗日游击队，参加暴动。不久，他率部加入冀东抗日联军李运昌部，被编为冀东抗联第二路司令部直属特务第一大队，即工人特务大队，任大队长。

1938 年 7 月起，节振国率领部队活跃在矿区和广大农村，发动矿工参加抗日武装，神出鬼没地打击日伪军，威震冀东。在工人特务大队的号召和鼓舞下，工人抗日声势日益浩大。由赵各庄矿扩展到开滦煤矿各矿区，成立了数支抗日游击队，3000 多名工人先后加入了抗日队伍。节振国率领工人特务大队和日伪军数次激战，两度收复赵各庄、唐家庄矿区，有力地支援和配合了冀东地区的抗日斗争。

在党的领导下，在抗日战争的枪林弹雨中，节振国率领的工人特务大队越战越勇，后改编为八路军第 12 团 1 连，为开辟冀东抗日新局面做出重要贡献。1939年秋，节振国光荣地加入中国共产党。1940年8月，在率部与日伪军作战时壮烈牺牲，时年30岁。

1940年8月，延安《中国工人》杂志向根据地抗日军民介绍节振国从刀劈日本宪兵开始的英勇抗日业绩。新中国成立后，节振国的英雄事迹被编成小说和现代京剧、拍摄成电影在全国放映。

近年来，随着爱国主义精神宣传力度的加大，有关节振国的遗物整理及保护、纪念广场修建等活动在河北多地陆续开展。2016年3月，节振国铜像在衡水青年公园落成揭幕。

董天知

抗日壮士　英气冲天

董天知，原名董亮，曾易名董旭生，1911 年生，河南荥阳县人。1930 年加入中国共产党。1940 年 8 月，董天知率部参加百团大战时，在山西潞城王（郭庄）村战斗中，为掩护部队突围，亲率警卫排奋勇作战，因寡不敌众，28 名官兵全部壮烈殉国。董天知牺牲时年仅 29 岁。

个人生命事小，政治影响事大。

——董天知

在河南省荥阳市老城南街，一座青砖灰瓦的三进院落内，矗立着一尊董天知半身铜像。这是山西牺盟会杰出领袖之一、中国共产党领导的抗日武装山西新军的重要领导人之一董天知的出生地。

董天知，原名董亮，曾易名董旭生，1911 年生，河南荥阳县人。早年参加进步学生运动，直接受党的著名农民运动领导人彭湃的影响，参加革命活动。1929 年，他考入北平宏达学院，参加互济会、反帝大同盟等党的外围组织。不久加入中国共产主义青年团，任共青团北平市委组织干事兼儿童局书记。1930 年加入中国共产党。

1931 年董天知被捕入"北平军人反省分院"（即草岚子监狱），敌人施尽种种酷刑。在政治诱降和死刑威胁面前，他始终大义凛然，忠贞不屈。

1934 年冬，狱中政治犯 50 余人，为要求下镣、看报，举行绝食斗争。组织上考虑到董天知长期卧病不起，身体虚弱，决定不让他参加。他坚定表示："个人生命事小，政治影响事大。"毅然参加绝食斗争。到斗争取得胜利时，董天知已是奄奄一息。

1936 年 9 月，董天知经党组织营救出狱，10 月下旬被中共中央北方局派往山西开展抗日民族统一战线工作。参与领导山西牺牲救国同盟会和建立山西新军的工作。1937 年 9 月在牺盟会第一届代表大会上当选为执行委员和抗日救亡先锋总队总队长。曾率山西各界慰问团到华北前线慰问抗日的第 29 军将士。同年 11 月起先后任山西抗敌决死第 3 总队政治主任、第 3 纵队政治部主任和纵队军政委员会书记（后任政治委员）、山西第 5 行政区保安司令部政治部主任。参与领导粉碎了反动军官李冠军策动的军事叛乱，指挥部队在晋南、晋东南配合八路军主力开展抗日游击战争。同时，为把新军建设成一支真正的人民军队，做了大量艰苦细致的工作。

1940 年整军后，董天知任八路军 129 师决死第 3 纵队政治委员。1940 年 8 月，董天知率部参加百团大战时，在山西潞城王（郭庄）村战斗中，为掩护部队突围，亲率警卫排奋勇作战，因寡不敌众，28 名官兵全部壮烈殉国。董天知牺牲时年仅 29 岁。

董天知牺牲后，牺盟总会在悼词中称他"是最优秀的牺盟领导者，是最优秀的青年模范，是最优秀的青年军事干部"。

"伟大的抗战精神是中国人民弥足珍贵的精神财富，永远是激励中国人民克服一切艰难险阻，实现中华民族伟大复兴的强大精神动力。"董天知的侄子董广华一直没有停下挖掘整理伯父事迹的脚步。

"他用热血和牺牲诠释了爱国主义的深刻内涵，他的精神将一直激励着我们。"董广华说。

马振华

冀鲁边区的抗日元勋

马振华，曾化名李之如、李泽民，1905年出生于河北盐山县。1922年，他在本村创办贫民小学、民众夜校，深受贫苦农民拥护。1932年10月，加入中国共产党。1938年夏，基于马振华在津南地区群众中的威望，上级党组织调他到地方工作。马振华先后担任中共盐山县委书记等职。1940年9月，马振华召集各县区主要干部开会。由于叛徒告密，次日拂晓被日伪军包围。马振华开枪射击，掩护其他同志转移，壮烈牺牲，时年35岁。

像我家这样，甚至比我家还要困难的抗属不是太多了吗？只有把鬼子打出去，国家富强了，大伙儿才能丰衣足食。

——马振华

在河北盐山县革命烈士陵园内，经常有青少年来这里开展红色主题教育活动。"80 年前，在民族危亡、国难当头、战火纷飞的岁月里，活跃在冀鲁边区的一批共产党人带领广大民众同敌人展开艰苦卓绝的斗争，他们用鲜血换来了我们今天的幸福生活……"抗日英烈马振华的长孙马新义向前来参加活动的孩子们讲述着祖父的英雄事迹。

马振华，曾化名李之如、李泽民，1905 年出生于河北盐山县。1922 年，他在本村创办贫民小学、民众夜校，深受贫苦农民拥护。1932 年 10 月，加入中国共产党。

1934 年 4 月，马颊河农民暴动失败后，马振华毅然舍弃教鞭，以货郎担为掩护奔走于乡间及各大小书馆，联络发展党员，组织民众和进步师生开展地下工作，恢复遭到破坏的党组织。在他积极工作下，党员队伍和基层党支部不断发展壮大。

"七七事变"后，华北相继沦陷。马振华不避危难，奔走各地，发起成立华北民众抗日救国总会，并在此基础上，创建华北民众抗日救国军。11 月中旬，马振华任中共冀鲁边区组织委员，同时任华北民众抗日救国会会长、救国军政治部主任。为加强党对部队的领导，马振华狠抓整顿工作，在各团设立政治处，建立士兵政治课制度，学习"三大纪律、八项注意"，使部队政治气氛活跃，战斗力提高。短短几个月，率部多次沉重打击日伪军，相继收复盐山、庆云、无棣、乐陵和宁津等县城，有力激发了当地军民的抗战热情。

1938 年夏，基于马振华在津南地区群众中的威望，上级党组织调他到地方工作。马振华先后担任中共盐山县委书记、冀鲁边区战委会主任、民运部长、组织部长、津南地委书记等职，从事发动和组织群众、巩固抗日民主政权等工作。他深入田间地头，与农民一起劳动，宣传抗战形势，掀起津南地区的参军参战热潮。

1939年，盐山一带大旱。马振华的妻子为维持生计，逃避日伪军对抗日家属的迫害，携两幼女沿街乞讨。有同志劝马振华回家看看，他感慨地说："像我家这样，甚至比我家还要困难的抗属不是太多了吗？只有把鬼子打出去，国家富强了，大伙儿才能丰衣足食。"

1940年9月，马振华召集各县区主要干部开会。由于叛徒告密，次日拂晓被日伪军包围。生死关头，马振华开枪射击，将敌人火力引向自身，掩护其他同志转移，壮烈牺牲，时年35岁。中共津南地委和宁津县委在宁津县前桃园刘庄召开隆重的追悼大会，边区文救会编印纪念册《血仇》，记述马振华等烈士的生平事迹，并谱写歌曲《歌颂马振华》，歌词中称赞他是"边区的革命舵手，边区的抗日元勋……"

1940年11月，为纪念这位深受边区军民爱戴的共产主义战士，经上级批准宁津县改为振华县，直至新中国成立才恢复原名。在马振华的家乡河北盐山县，家乡人为了纪念他，将县城中心街道命名为振华大街。

徐秋

保卫家园　以身许国

徐秋，原名徐秋香，男，1903 年出生，湖南平江县浊水乡洪山塘坳屋场人。1927 年，毛泽东领导的湘赣边界秋收起义爆发后，他参加了当地的赤卫队。1930 年 7 月参加中国工农红军，被任命为红 58 团团部参谋，转战于湘鄂赣边区各县，作战英勇顽强，同年 10 月加入中国共产党。1940 年 9 月，为了保护南下干部的安全，徐秋率领部队从赵楼正方突围。渡河时因敌人火力过猛，徐秋不幸中弹牺牲，时年 37 岁，后被安葬在山东省郓城县烈士陵园。

24岁参加革命，历经多次革命战斗，长征途中率部架浮桥抢渡乌江，抗战中数次袭击日伪军据点给予沉重打击，为保卫家园在抗日战场上英勇牺牲……"徐秋烈士的一生，虽然短暂，却无比壮烈！"湖南省岳阳市平江县史志办工作人员李双龙评价道。

徐秋，原名徐秋香，男，1903年出生，湖南平江县浊水乡洪山塘坳屋场人。父亲徐望兴和母亲李昆贞均为农民。因家庭贫困，徐秋只读过小学，后来给地主家打工度日，参加红军前与陈漂香结为夫妻，生有一子一女。

1927年，毛泽东领导的湘赣边界秋收起义爆发后，他参加了当地的赤卫队。1930年7月参加中国工农红军，被任命为红58团团部参谋，转战于湘鄂赣边区各县，作战英勇顽强，同年10月加入中国共产党。

1931年7月初，部队回师江西兴国后，为了扩充红军队伍，他主动向团部建议并经批准同意，由他主持召开了红军家属代表会，发动红军战士帮助红军家属生产劳动。在拥红扩军运动中，他的思想发动工作细致而高效，一次就为红5军扩充精壮青年300余名。

1933年6月中旬，部队奉命在大湖坪整编后，徐秋任红5军第1师第10团副参谋长。1934年10月参加长征。1934年底至1935年春，红3军团攻战娄山关，抢渡乌江，徐秋受命率部架桥，经过一昼夜苦战，浮桥架通，部队终于跨过了乌江。

抗日战争爆发后，红军改编为八路军，徐秋奉调115师，开赴抗日前线。1939年春，随八路军第115师东进支队进入鲁西，先后任鲁西军区后勤科长、冀鲁豫军区第8军分区司令员等职。他经常深入群众，领导减租减息运动，组织地方武装，给敌人以沉重打击。

1939年3月，上级决定由徐秋选调10多名勇猛善战的战士，组成小分队，夜袭日伪一个重要据点。徐秋组织两名侦察员化装成农民进入街头，两名行伍出身的战士化装摸近敌哨，待日军持枪逼近我侦察员，强制搜身查问时，两名战士乘机拥上，夺过日军的枪支，两个侦察员迅即用麻袋将两名日军的头蒙住，并装进了麻袋。小分队随后迅速偷袭了日军碉堡，打死哨兵一名，缴获枪支弹药、布匹、食盐、火柴等一批物资。

随后，徐秋随部进入泰（山）西根据地，发动群众，组织抗日救亡运动。5月，日伪军围攻泰西根据地，他协助团部组织在陆房突围后，转移到东平，进入鲁南，参加了白彦争夺战。

1940年3月，乘日伪军进驻郓城县谭庄村立足未稳之机，徐秋率部夜袭敌营，一举歼敌200余人，缴获大批枪支弹药。1940年秋，根据上级党委指示，积极选拔、培训部队干部去鲁南工作，并带一个特务营完成了干部护送任务。1940年9月，徐秋率特务营去山东省郓城县以西的洞口反"扫荡"，组织了一场伏击战，将对面日军打得逃往县城。

同年9月，根据地派南下干部途经郓城，徐秋主动担负起境内护送任务。此后在赵楼受到敌人包围，徐秋探知敌人兵力过多，如硬打硬拼，势必造成更大损失。在这种敌我力量悬殊的危险关头，决定突围。他先命令魏振方带一个连，从赵楼西边渡河突围成功。为了保护南下干部的安全，徐秋率领部队从赵楼正方突围。渡河时因敌人火力过猛，徐秋不幸中弹牺牲，时年37岁，后被安葬在山东省郓城县烈士陵园。

尽管时隔几十年，先烈徐秋的英勇事迹仍在平江县传颂。"为我们有这样的革命先辈感到骄傲和自豪，他的精神也必将激励我们继续奋发勇为，更好地为人民服务。"李双龙告诉记者。

陈翰章

投笔从戎杀日寇
此头慨然国门悬

陈翰章，1913年生于吉林敦化，1930年从敦化敖东中学毕业。"九一八事变"后，日军占领我国东北。面对侵略者的铁蹄，陈翰章毅然投笔从戎。1932年，他告别年迈的父母和新婚妻子，参加抗日救国军。在血与火的淬炼中，陈翰章光荣地加入中国共产党，成为抗日名将周保中的得力助手。1940年12月8日，由于叛徒出卖，陈翰章被日军所围。陈翰章拒绝了敌人的劝降，在激战中壮烈牺牲，年仅27岁。

同学们，假如我的理想因为被帝国主义的侵略而打破的话，我将毫不可惜。为了祖国，我一定投笔从戎，用手中的枪和我的鲜血、生命来赶走敌人！

——陈翰章

在吉林省敦化市东北抗联寒葱岭密营文化展览馆，抗日名将陈翰章的 34 篇日记格外引人注目。"为抗日救国而奋斗到底，绝对不叛变！"日记带着观众穿越历史，再现英雄那可歌可泣的壮丽人生。

陈翰章，1913 年生于吉林敦化，1930 年从敦化敖东中学毕业。"我立志从事教育事业，目的是为了培养优秀人才，改造国家……假如我的理想因为被帝国主义的侵略而打破的话，我将毫不可惜。为了祖国，我一定投笔从戎，用我手中的枪和我的鲜血、生命来赶走敌人！"这是陈翰章在毕业典礼上发出的铮铮誓言。

"九一八事变"后，日军占领我国东北。面对侵略者的铁蹄，陈翰章毅然投笔从戎。1932 年，他告别年迈的父母和新婚妻子，参加抗日救国军。在血与火的淬炼中，陈翰章光荣地加入中国共产党，成为抗日名将周保中的得力助手。

1934 年春，陈翰章被派往北平、天津进行抗日救国活动，同年 6 月调任绥宁反日同盟军工农义务队政治指导员。1935 年 2 月任东北反日联合军第 5 军 2 师参谋长，率部在宁安、额穆、敦化、蛟河等地打击日军。1936 年起在东北抗日联军第 2 军 2 师（后改为 5 师）先后任师参谋长、师长，同年 6 月被选为中共南满省委委员。率部在宁安、镜泊湖地区开展抗日游击战，曾指挥攻打宁安、横道河子、破袭北湖头水电工程等战斗。

"舅舅为人谦和、长相清秀，人们都认为他是最不可能参加抗战的人。事实上，他不但加入了抗联部队，还极为英勇善战。"陈翰章的外甥鄢成说。

1939 年夏，陈翰章担任东北抗联第 1 路军 3 方面军指挥，与魏拯民指挥所部攻点打援，取得攻占安图大沙河等胜利。后又成功指挥了寒葱岭伏击战、智取额穆县城等战斗。他不畏强敌，敢于同侵略者正面交锋，被百姓称为"镜泊英雄"。

1940 年 12 月 8 日，由于叛徒出卖，陈翰章被日军所围。陈翰章拒绝了敌人的劝降，在激战中壮烈牺牲，年仅 27 岁。残暴的敌人剜去他的双眼、割下他的头颅，送到伪满洲国新京（今长春）邀功请赏。

1948 年长春解放后，党组织派人找到了他的遗首，安放在东北烈士纪念馆，1955 年又安葬于哈尔滨烈士陵园。2013 年 6 月 13 日，陈翰章烈士身首合一，安葬在敦化市陈翰章烈士陵园。

寒葱岭密营文化展览馆、陈翰章烈士陵园、翰章乡学校……在敦化，陈翰章烈士的纪念地随处可见。这些红色遗迹连点成线，吸引着省内外访客参观、凭吊。"翰章精神是敦化市永远的精神传承，也是我们发展的不竭动力。"敦化市委党校研究室主任张彦夫说。

汪雅臣

传奇"双龙" 以身殉国

汪雅臣1911年出生于蓬莱，幼年丧父，家境贫寒，随母亲逃荒至黑龙江省五常县，13岁给地主放猪，15岁当伐木工人，后曾被土匪劫持入伙，后被驻吉林东北军收编。1935年加入中国共产党，后任东北抗日联军第10军军长。1941年1月29日，汪雅臣率军部部分战士宿营九十五顶子山。因叛徒告密，部队被日伪军包围。在战斗中，汪雅臣胸部、腿部多处中弹，被捕后壮烈殉国，年仅30岁。

抗日名将汪雅臣牺牲 77 年后，他的英雄故事仍在老家口耳相传。"北沟人民为有这样一位英雄倍感自豪，我们开展党性教育时，经常用他的事迹作为学习材料。"山东省蓬莱市北沟镇组织委员王伟说。

汪雅臣 1911 年出生于蓬莱，幼年丧父，家境贫寒，随母亲逃荒至黑龙江省五常县，13 岁给地主放猪，15 岁当伐木工人，后被土匪劫持入伙，报号"双龙"，后被驻吉林东北军收编。

"九一八事变"后，汪雅臣带领八九个爱国青年携械出走，组织"双龙队"，在五常县南山密林里与日军守备队和森林警察周旋，坚持开展游击战。

1934 年 2 月，汪雅臣联合五常一带反日山林队的首领及附近群众 700 余人，在五常县尖子山老爷庙前召开了抗日大会，成立反"满"抗日救国义勇军，汪雅臣被选为首领。汪雅臣的部队作战勇敢、纪律严明，有力推动了五常一带抗日斗争的发展。

在斗争实践中，汪雅臣逐渐感到只有共产党才能领导人民坚持抗日斗争，打败日本侵略者。1935 年春，他光荣加入中国共产党。后任东北抗日联军第 10 军军长。

由于日伪军实行"并屯"政策和不断"讨伐"，汪雅臣所在的抗日联军第 10 军的密营被日军破坏，部队失去了根据地，抗战遇到了难以想象的困难。在艰苦斗争的岁月里，他以身作则，和战士同甘共苦。部队断粮，他和战士一样以野菜、树皮充饥，坚持抗日斗争。

1941 年 1 月 29 日，汪雅臣率军部部分战士宿营九十五顶子山。因叛徒告密，部队被日伪军包围。汪雅臣临危不惧，委托副军长张忠喜带领大部人员从东南山口突围，自己带领几人坚守西面山头进行掩护。在战斗中，汪雅臣胸部、腿部多处中弹，被捕后壮烈殉国，年仅

30 岁。

据不完全统计，从 1933 年至 1940 年的 8 年中，汪雅臣率领部队同日伪军进行大、小战斗 400 余次，共击毙击伤敌军近 2000 人，缴获各种枪支 1800 余支、粮食 100 余石、现款 9000 余元，其他物资折价 9 万余元，解救 120 名劳工和 9 名被押爱国者。

1946 年五常解放后，人们为了缅怀抗日英雄汪雅臣，将沙河子镇蛤蜊河子村命名为"双龙村"，将五常镇的南北大街改为"雅臣大街"。在他的老家蓬莱，汪雅臣的革命精神更是激励着一代代人。"汪雅臣有勇有谋，更有为国为民的赤胆忠心。我们要把他身上这种宝贵的民族精神发扬光大，全身心投入到新时代中国特色社会主义建设上，为实现中华民族伟大复兴中国梦贡献力量。"蓬莱市党史研究室征集编研科科长董琳琳说。

白乙化

"血沃幽燕小白龙"

白乙化，字野鹤，满族，1911年6月11日出生，今辽宁辽阳人。1930年秋加入中国共产党。1941年2月4日，伪满道田讨伐队170余人沿白河向根据地进犯，白乙化率部在密云县马营西山与敌人激战。在战斗即将胜利结束时，白乙化被日军击中头部，壮烈牺牲，时年30岁。

吾当先去杀敌，再来求学。如能战死在抗战杀敌的战场上，余愿得偿矣！

——白乙化

　　辽宁省辽阳市宏伟区石厂峪村一条南北向的主干路旁，白乙化烈士故居近年来人流不断。低矮的院墙里，一棵据说与烈士同龄的枣树今已亭亭如盖，见证着英雄的宏伟一生。

　　白乙化，字野鹤，满族，1911年6月11日出生，今辽宁辽阳人。1928年，他考入沈阳东北军教导队，后升入东北陆军讲武堂步科。1929年，考入北平中国大学政治系预科。其间，他阅读了《共产党宣言》等大量进步书刊，1930年秋加入中国共产党。"九一八事变"后，白乙化向校方提出抗战申请。"吾当先去杀敌，再来求学。如能战死在抗战杀敌的战场上，余愿得偿矣！"他返回辽阳，组织抗日义勇军，率部转战辽西、热北、锦西，连战连捷，得绰号"小白龙"。

　　1935年12月9日，白乙化参与组织了"一二·九"学生运动，他奋勇当先，积极组织同学集会、游行。1936年2月，在北平大学法商学院的学生抗日大会上，他发表演讲，强烈要求国民党政府出兵抗日，收复东北，会后遭逮捕。在监狱里，他继续进行抗日救亡宣传，组织难友同反动派斗争。1936年夏出狱后，他奉党的指示赴绥西东北垦区工作，历任中共绥西特委委员、中共垦区工委书记、垦区特委书记。

　　全国抗战爆发后，白乙化组织成立抗日民族先锋队，任总队长。1939年，抗日民族先锋队与冀东抗日联军整编为华北抗日联军，白乙化任副司令员。在这期间，他指挥了沿河战斗，击溃日军大岛大队。后所部改编为八路军冀热察挺进军平北军分区第十团，白乙化任团长。改编后他即率部参加了粉碎日军对平西抗日根据地10路围攻的战役，屡创日军，并在东胡林阻击战中击落敌机1架。

　　1940年4月，为完成"巩固平西，坚持冀东，开辟平北"的战略任务，白乙化率十团到密云潮白河以西地区，经大小100余次战斗，开辟丰（宁）滦（平）密（云）敌后抗日根据地。组建多支地方抗日武装，协助地方建立党组织，领导丰滦密抗日军民开展了艰苦卓绝的敌后武装斗争。

1940年9月至11月，白乙化及时返回内线，寻机打击撤退之敌，一举歼灭日军哲田中队，取得了这次反"扫荡"的胜利。他指挥十团粉碎了日伪军对丰滦密的大"扫荡"，并在反"扫荡"中率部开辟新区，使丰滦密抗日游击根据地由初创时的4个区一下发展到8个区。

白乙化智勇双全，加上十团屡战屡胜，根据地迅速发展，丰滦密人民十分信赖和拥戴他。1941年2月4日，伪满道田讨伐队170余人沿白河向根据地进犯，白乙化率部在密云县马营西山与敌人激战，毙、俘敌117人，保卫了根据地。但在战斗即将胜利结束时，白乙化被日军击中头部，壮烈牺牲，时年30岁。

白乙化牺牲后，八路军冀热察挺进军发表了《告全军同志书》，赞扬他是"优秀的指挥员、民族英雄、无产阶级的先锋"。萧克将军称赞白乙化"血沃幽燕，名垂千古"。白乙化烈士的侄子白成亮自2002年开始致力于烈士遗物和事迹的发掘工作，2009年，辽阳市宏伟区对白乙化烈士故居进行了重新修缮，使之成为爱国主义教育基地，他的革命业绩将永远垂范后人。

贾力更

出生入死　抗战到底

贾力更，原名康富成，蒙古族，1907年出生，内蒙古土默特旗人。1925年加入中国共产主义青年团，不久转为中国共产党党员。1941年3月19日，贾力更带领一批爱国青年前往延安，途中在绥西遭日伪军包围，在激战中壮烈牺牲，年仅34岁。

出入刀丛只身趋，大同城内敌尸飞，如此中华好健儿，堪做楷模永学习。

——杨植霖

在位于呼和浩特市土默特左旗把什村的贾力更烈士纪念馆，人们冒着严寒前来纪念英魂。纪念馆一角，与贾力更一同工作和生活过的、曾任绥远省（今内蒙古自治区）人民政府主席的杨植霖写下的一首赞颂贾力更的诗，令人印象深刻：出入刀丛只身趋，大同城内敌尸飞，如此中华好健儿，堪做楷模永学习……

贾力更，原名康富成，蒙古族，1907年出生，内蒙古土默特旗人。青年时代在反帝爱国思想影响下，积极参加学生运动。1925年加入中国共产主义青年团，不久转为中国共产党党员。

全面抗战爆发后，党组织派贾力更回到绥远，与一批共产党员领导土默川人民开展抗日救亡运动。1938年，党中央决定在大青山建立抗日游击根据地。贾力更按照党的指示，发动各族群众支援八路军120师创建大青山抗日游击根据地。他在蒙古族群众中宣传党的民族政策和主张，引导蒙古族青年投身革命，为党培养大批少数民族干部做出了重要贡献。

同时，他还奉党的指示，深入敌占区，揭露日本侵略者以"复兴蒙古族"之名，行吞并内蒙古、分裂中国之实的罪恶阴谋，争取伪蒙疆军政人员弃暗投明、参加抗日。

1938年，贾力更得知日军在大同城北购置了军火库，正在储运大批武器弹药，为进攻做准备。虽然伤病未愈，但他当机立断，化装成劳工，只身潜入日军军火库。

贾力更的儿子康存计讲述："他摸清日本人军火库的枪支弹药，用准备好的酒瓶子，底下是汽油，汽油上面夹层纸，纸上头是硫酸，在太阳落山的时候，一下把这个军火库给引爆了。"

"这在当时是很振奋人心的。回来以后，他不仅组织了党的支部，还在一些地方组织了抗日救国会，为八路军开辟大青山根据地做了群众准备。"土默特历史文化研究会前会长于永发说。

1939年9月，中共土默特旗成立蒙古工作委员会，贾力更是主要负责人之一。遵照党中央关于坚持与发展广泛的地方与群众性的游击战争的指示，贾力更做了大量工作，创建了蒙古族抗日游击队，成为绥西地区影响较大的地方抗日武装。1939年底，贾力更被绥蒙区党委推选为中国共产党第七次全国代表大会代表。

1940年初，贾力更先后任中共绥西地委蒙民部部长、晋绥游击区行政公署驻绥察办事处处长，负责绥西地区蒙古民族工作。1940年，在日军对抗日根据地进行残酷的军事"扫荡"和经济封锁的严峻形势下，贾力更领导中共土默特旗蒙古工作委员会，展开了卓有成效的反封锁斗争，多次带领蒙古族群众穿过封锁线，为抗日根据地运送武器弹药、通信器材等急需物资。

"那种艰苦斗争的环境之下，贾力更在筹集物资这方面，是做了突出的贡献的，被李井泉等老战友亲切地称为'我们革命的军需部长'。"贾力更烈士纪念馆馆长阿勒腾说。

1941年3月，党组织决定调贾力更回延安学习，并准备参加党的七大。3月19日，贾力更带领一批爱国青年前往延安，途中在绥西遭日伪军包围，在激战中壮烈牺牲，年仅34岁。

挽救民族危亡，实现民族复兴是贾力更毕生的追求。如今，在贾力更出生和曾经战斗过的土默特大地上，实现经济社会高质量发展的号角已经吹响。贾力更的夙愿得偿。

魏拯民

为拯救人民于水火而斗争

魏拯民，原名关有维，1909年出生于山西屯留。1926年加入中国共产主义青年团，1927年转入中国共产党。曾任中共哈尔滨市道外区委书记、市委书记，组织发动群众进行抗日斗争。1940年2月杨靖宇牺牲后，第1路军和省委的工作重担全部落在魏拯民肩上。他拖着病体，率部坚持艰苦卓绝的斗争。由于敌人的严密封锁，魏拯民只能靠吃树皮、松子和蘑菇等度日，加重了病情，于1941年3月8日病逝，年仅32岁。

位于山西省长治市屯留区路村乡王村的魏拯民故居经过修缮，最近正在策划布展工作。保留原有风貌的烈士故居与晋东南新农村的民居并列于村庄内，默默诉说着跨越一个世纪的沧桑巨变。

魏拯民，原名关有维，1909 年出生于山西屯留。早年因积极参加进步学生运动，被反动当局开除学籍。1926 年加入中国共产主义青年团，1927 年转入中国共产党。曾在北平、安阳等地进行革命活动。

"九一八事变"发生后，魏拯民被党组织派往东北工作，曾任中共哈尔滨市道外区委书记、市委书记，组织发动群众进行抗日斗争。后被派往东满，他走遍了各根据地和游击区，深受同志们的信任和支持。后任中共东满特委书记，参与领导创建东北人民革命军第 2 军，任政治委员，联合东满地区各抗日武装开展游击战。1935 年夏赴莫斯科参加共产国际第七次代表大会。回国后，魏拯民任东满省委书记、东北抗日联军第 2 军政治委员。他曾同军长王德泰指挥所部北上牡丹江地区和远征南满地区，打通与吉东和南满的联系，与抗联兄弟部队配合作战，扩大了抗日游击区。1936 年 7 月后，魏拯民任中共南满省委书记、东北抗联第 1 路军总政治部主任、第 1 路军副总司令，与第 1 路军总司令兼政治委员杨靖宇指挥所部在辉南、抚松、濛江（今靖宇）、金川、桦甸等地打击敌军，挫败日伪军多次大规模"讨伐"，曾指挥大沙河、寒葱岭等战斗。

1939 年冬，东北抗日游击战争的形势更加严峻，省委和第 1 路军决定把部队化整为零，分散活动。由于长期的战争环境，魏拯民积劳成疾，行军作战中常常昏倒在地。1940 年 2 月杨靖宇牺牲后，第 1 路军和省委的工作重担全部落在魏拯民肩上。他拖着病体，率部坚持艰苦卓绝的斗争。这年冬天，他病情加重，不能随军行动，只好到长白山区的抗联密营中休养。他不顾疾病的折磨，常常昼夜不停地起草文件、书写报告、总结经验。在极端困难的条件下，鼓励同志们坚定胜利的信心。由于敌人的严密封锁，他只能靠吃树皮、松子和蘑菇等度日，加重了病情，于 1941 年 3 月 8 日病逝，年仅 32 岁。

直到中华人民共和国成立后，远在山西的魏拯民的家人才得知魏拯民曾参加抗日斗争并已牺牲的消息。"我小时候，通过宣传画册才能知道一些爷爷的具体事迹，爷爷牺牲时父亲还年幼。"魏拯民的孙子关毓贵说，"父亲从小就教育我们，要做一个正直的人、对社会有用的人，不能辜负爷爷的崇高理想，现在我也这样教育我的子女。"

村干部刘四虎说，他们不仅要把物质生活水平搞上去，还要把村里魏拯民等烈士为拯救人民于水火的革命精神完整地一代代传下去。"我们把收集整理好的资料发到村民家中，现在已经有村民可以为来访者做简单的讲解，我们的目标就是村里人人都是讲解员。"刘四虎说。

谢晋元等"八百壮士"

"勇敢杀敌八百兵"

1937年10月26日,第88师262旅524团团附谢晋元受命率官兵420余人留守闸北,掩护大部队撤退。他们于10月27日凌晨进驻苏州河北的四行仓库。为了迷惑日军,四行守军对外称八百人,故外界敬之为"八百壮士"。谢晋元率部在弹丸之地与穷凶极恶的日军激战四昼夜,打退敌人10余次疯狂进攻,毙伤日军200余人,史称"八百壮士守四行"。

死守四行仓库,与最后阵地共存亡。

——谢晋元

"中国不会亡，中国不会亡，你看那民族英雄谢团长；中国不会亡，中国不会亡，你看那八百壮士孤军奋斗守战场。"这一段歌唱当年"八百壮士"在四行仓库拼死抗敌的歌词，今天听来依旧让人热血沸腾。

谢晋元，广东省蕉岭县新铺墟尖坑村人，1905 年 4 月生。1922 年考入广州国立高等师范。1925 年底转入黄埔军校第四期。1926 年 10 月毕业，参加北伐战争。1934 年 9 月于庐山军官训练团第二期毕业。次年任第 88 师补充团中校营长。

1937 年，"八一三"淞沪抗战爆发后，日军陆续攻占大场、江湾、闸北、庙行地区，企图切断中国军队后路。国民政府军事委员会决定将主力撤至苏州河以南阵地。10 月 26 日，第 88 师 262 旅 524 团团附谢晋元受命率官兵 420 余人留守闸北，掩护大部队撤退。他们于 10 月 27 日凌晨进驻苏州河北的四行仓库。为了迷惑敌人，四行守军对外称八百人，故外界敬之为"八百壮士"。

10 月 27 日清晨，日军发现四行仓库内仍有中国守军，立刻发动进攻，受到"八百壮士"的猛烈阻击。10 月 28 日晚，谢晋元向官兵传达了"死守四行仓库，与最后阵地共存亡"的命令，表达了与全体官兵同坚守共存亡的决心，并勉励他们要展现不怕流血牺牲的军人气概和挽救国家民族危亡的精神。

谢晋元以卓越胆识和机敏的指挥，率部在弹丸之地与穷凶极恶的日军激战四昼夜，打退敌人 10 余次疯狂进攻，毙伤日军 200 余人，用生命和鲜血奏响了一曲抗击侵略的壮丽凯歌，史称"八百壮士守四行"。

10 月 31 日凌晨，在完成掩护大部队后撤任务后，"八百壮士"

奉命全部撤入公共租界。此后，汪伪政府多次派人以高官厚禄诱降谢晋元，均被其严词拒绝。1941 年 4 月 24 日，谢晋元被汪伪政府收买的士兵用匕首刺死，时年 37 岁。同年 5 月，中国政府下令追赠谢晋元为陆军步兵少将。

抗战胜利后，为纪念谢晋元这位抗日英雄，上海北火车站到四行仓库的一条马路改名为晋元路，与孤军营一墙之隔的胶州公园改名为晋元公园，并在园内修建谢晋元墓。1983 年，谢晋元墓迁至上海市万国公墓名人墓园。2014 年，"谢晋元等八百壮士"被列入民政部公布的第一批 300 名著名抗日英烈和英雄群体名录。

上海四行仓库抗战纪念馆的瞻仰者络绎不绝。在南京大屠杀死难者国家公祭日之际，他们来到这里向惨遭日本侵略者杀戮的死难同胞表达哀思，也倾诉对"八百壮士"、对谢晋元的崇敬之情。

寸性奇

壮烈殉国中条山

寸性奇，字念洁。1895年出生，云南腾冲人。1910年加入同盟会。曾参加辛亥革命、护法战争等。1941年5月，日军对中条山地区发动突然袭击。5月13日晚，寸性奇率余部突围至毛家湾，遭遇日军拦截。为了免受被俘之辱，寸性奇拔剑自戕，壮烈殉国，时年46岁。

在云南腾冲国殇墓园里，松柏挺立，抗日英烈、陆军中将寸性奇将军之墓坐落于"英烈祠"后面的小团坡上，墓碑由当地特有的火山石镶砌而成，刻有圆形橄榄枝花环，古朴简约，肃穆庄重。

寸性奇，字念洁。1895年出生，云南腾冲人。1909年考入云南陆军讲武堂，1910年加入同盟会。曾参加辛亥革命、护法战争等。1923年后，任孙中山建立的大元帅大本营少将录事参军、中央直辖宪兵司令等职。1926年参加北伐战争，任国民革命军第31军参谋处长。1927年任第34旅副旅长。

1937年7月抗日战争全面爆发后，寸性奇任第12师34旅旅长，率部参加太原会战。因战功显著，升任第3军12师师长，并奉令调守中条山，担任西面阵地防守任务。

1941年5月，日军对中条山地区发动突然袭击，张店镇阵地遭日军突破，12师退守第二线阵地。5月12日，日军攻陷左翼水谷朵高地。寸性奇奉命率部突围，右腿被日军炮火炸断。5月13日晚，日军再次以猛烈炮火攻击中国守军阵地，寸性奇率余部突围至毛家湾，遭遇日军拦截。交战中左腿也被炸断。为了免受被俘之辱，寸性奇拔剑自戕，壮烈殉国，时年46岁。

1942年，寸性奇被当时的国民政府追晋为陆军中将。1986年5月被民政部追认为烈士。

1989年，寸性奇遗骨被迁到腾冲国殇墓园安葬。在腾冲国殇墓园，寸性奇的墓碑正面刻有"抗日烈士、陆军中将寸性奇将军之墓"几个大字，左右两侧刻有寸性奇的生平事迹，碑体背面刻着悼念寸性奇的挽联、挽诗和挽词，其中一副写道："百战殊勋著河上，双忠大节壮中原。"

　　"我的祖父寸品德也是抗战军人，长辈从小教育我们要爱国爱民族，忠孝传家。"寸性奇的曾孙寸锰说，寸氏后人始终不忘这份家国情怀，忠于国家、孝敬师长的家风家训将作为一种家族精神代代传承下去。

　　殷殷青山，英魂有寄。如今，腾冲国殇墓园作为全国著名的爱国主义教育基地，每年接待游客 100 余万人次，很多人走进国殇墓园缅怀寸性奇：献上一束花、敬上一杯酒、端上一盘瓜果……

　　"寸性奇将军是世守边关的将门之后，他身上流淌着'精忠报国'的血脉。"滇西抗战纪念馆馆长杨素红说，在与日寇的殊死搏斗中，寸性奇身先士卒，冲锋陷阵，他在战斗中表现出的百折不挠、宁死不屈的革命精神、爱国热情，将激励着一代代后辈不畏艰难、奋勇前行。

唐淮源

誓死与中条山共存亡

唐淮源，字佛川。1886年出生，云南江川人。1911年毕业于云南陆军讲武堂，加入滇军。1937年全国性抗日战争爆发后，唐淮源奉命北上，在冀西一带及晋东、晋南一带与日军作战。1941年5月，日军调集兵力10余万，分三路进犯中条山。唐淮源所部在温峪村附近被日军包围。唐淮源率官兵反复冲杀，奋力突围。终因四面受敌，弹尽援绝，所部官兵伤亡殆尽。5月12日，为了不被日军俘虏，唐淮源举枪自戕，壮烈殉国。时年55岁。

　　江川革命烈士陵园位于云南省玉溪市江川城南。陵园庄严肃穆、苍柏青翠。沿梯而上，镌刻着"革命烈士永垂不朽"的纪念碑巍峨耸立，纪念碑后方左侧就是抗日名将唐淮源的墓。

　　唐淮源，字佛川。1886 年出生，云南江川人。1911 年毕业于云南陆军讲武堂，加入滇军。先后担任排长、连长等职。1930 年任第 12 师副师长兼第 35 旅旅长。1932 年任第 12 师师长。1936 年 10 月任第 3 军副军长。

　　1937 年全国性抗日战争爆发后，唐淮源奉命北上，在冀西一带及晋东、晋南一带与日军作战。1937 年秋晋升为第 3 军军长。1938 年奉命率部转入晋南中条山作战。1941 年 5 月，日军调集兵力 10 余万，分三路进犯中条山。唐淮源所部在温峪村附近被日军包围。唐淮源率官兵反复冲杀，奋力突围。终因四面受敌，弹尽援绝，所部官兵伤亡殆尽。

　　身陷绝境时，唐淮源写下遗书："余身受国恩，委于三军重任，当今战士伤亡殆尽，环境险恶，总军两部失去联系。余死后，望余之总司令及参谋长收拾本军残局，继续抗战，余死瞑目矣！"

　　5 月 12 日，为了不被日军俘虏，唐淮源举枪自戕，壮烈殉国。时年 55 岁。1942 年被国民政府追赠为陆军上将。

　　"国土未复失壮士，碧血千载染中条""抵御外侮壮志未酬先殉国，杀身成仁忠魂永镇中条山"，在唐淮源慷慨就义壮烈殉国后，这些挽联充分表达出当时国人对他的痛悼和敬仰之情。

　　1942 年 1 月 4 日，为悼念唐淮源和中条山战役阵亡将士，当时的《云南日报》发表社论《哀痛悼忠魂》。社论中说："回忆五年来之战史，如中条山之能坚守四年之久者有几？能以寡敌众，在械劣、粮缺、弹乏险恶之条件下屡挫敌锋，数度实施反'扫荡'而均获成功者有几？高级将领能身先士卒，杀身成仁者又有几？……（唐）将军等之死，实为国家之无上损失。将军为国之干城，抗战之支柱。国家损此干城，抗战失此支柱，将增加抗日之困难，凭添战争之阻碍，吾人为国惜才，更难禁为之一哭！"

　　1990年，唐淮源的骨灰从山西移葬到江川革命烈士陵园。唐淮源墓为锥形，水泥青石镶嵌，墓碑为大理石，上刻"抗日英烈陆军上将唐淮源之墓"。在墓旁，有一块唐淮源生平事迹牌，上面记录了他的戎马一生，其中一段话无不让观者动容："（他）曾豪言，'中国只有阵亡的军师长，没有被俘的军师长，千万不要由第三军开其端。'"现在，每年都有两万余人次到这里接受爱国主义教育，以各种方式纪念这位誓死与中条山共存亡的抗日英烈。

孙春林

为挽危亡艰苦战
埋骨青山是忠魂

　　孙春林，1906 年 5 月出生于山东省海阳县，1929 年秋加入中国共产党。1941 年夏，孙春林任南海军分区司令员。8 月，孙春林带领部队转移到莱西县榛子沟村时，因为叛徒告密，被日伪军包围，在转移阵地时不幸中弹，英勇牺牲，时年 35 岁。

在孙春林烈士战斗过的山东莱西、平度等地，他光荣英勇而富有传奇色彩的一生，至今仍被广为传颂。

孙春林，1906年5月出生于山东省海阳县西小滩村的一个农民家庭。1925年入莱阳中学读书。1928年考入烟台刘珍年部队创办的军官学校政训队。1929年秋加入中国共产党。同年奉党组织派遣，任海阳县司马区保卫团大队长。1931年任莱阳县鲍村民团军事教官。1933年秋任莱阳县四区区队教练。不久，因叛徒出卖，遭到国民党当局通缉追捕，被迫到旅顺、沈阳、珲春、北京等地从事党的地下工作。

1936年冬，孙春林考入阎锡山在太原创办的军官学校。利用一切机会揭露日军侵华行为，宣传共产党的抗日主张。毕业后，被分配到山西省崞县国民党军官教导团第八团任政训员。1937年去延安中国抗日军事政治大学学习。

1938年，孙春林回到胶东半岛，任中共南海特委独立团团长。1940年任八路军五支队警卫营1营营长。率领部队先后攻克邱堡、北寺口等日伪据点，扩大了抗日根据地。1940年冬，任北海军分区指挥部指挥。在主力部队调赴东海区的情况下，着手建立和发展武装队伍，深入群众进行调查研究，动员群众参军参战。在一个月里，组建了独立团，整顿了北海专区5个县大队。

1941年夏，孙春林任南海军分区司令员。当时南海地区日伪势力比较强大，对抗日根据地构成严重威胁。面对艰难局势，孙春林同广大指导员同甘共苦，发动群众，扩建武装，带领部队拔据点、扫顽匪，取得很大成效。

1941年8月，孙春林带领部队转移到莱西县榛子沟村时，因为叛徒告密，被日伪军包围。面对数倍于己的敌军，孙春林镇定指挥，在转移阵地时不幸中弹，英勇牺牲，时年 35 岁。

孙春林牺牲后，当地群众把他安葬在围石山向阳坡上。1955 年，莱西革命烈士陵园建成，烈士遗骨迁葬到烈士陵园。1987 年，莱西市人民政府修建了"孙春林烈士纪念碑"。2014 年 8 月 29 日，孙春林被列入民政部公布的第一批著名抗日英烈和英雄群体名录。

青岛莱西革命烈士陵园管理处主任程显玉说，在为实现中华民族伟大复兴中国梦而奋斗的今天，继承和弘扬先烈们无私无畏和勇于奉献的伟大精神，是对先烈们最好的纪念，也是我们义不容辞的责任。

孙春林之子孙永志，多次撰文怀念自己的父亲。"父亲虽然走了，但他忠于革命事业、献身革命事业的精神永远激励着我。"他说。

陈中柱

一掷头颅救万夫

陈中柱，字退之，江苏建湖人。1906年10月出生于建湖县草堰口乡堰东村一个农民家庭。1941年6月，日伪军分多路"扫荡"陈中柱所在的鲁苏皖边区游击总指挥部，其主要矛头指向陈中柱的第4纵队。由于敌人来势迅猛，第4纵队未能及时转移，遭到日军包围。陈中柱率部边打边退，损失惨重。退至兴化武家泽一带时被日伪军拦截。战斗中，陈中柱身中数弹，壮烈牺牲，时年35岁。

进入江苏盐城市建湖县的草堰口中柱初级中学，教学楼前的中心花园有一座陈中柱烈士的半身塑像。塑像前，学生们进行过入团宣誓，领取过中柱奖的奖状，聆听过陈中柱烈士的事迹……

陈中柱，字退之，江苏建湖人。1906 年 10 月出生于建湖县草堰口乡堰东村一个农民家庭。1925 年到上海电车公司工作。1927 年北伐军进入江苏，他返回家乡，参与筹建国民党支部和农会组织，与地方土豪劣绅进行斗争。1927 年大革命失败后，到南京进入江苏警官学校学习。1928 年入黄埔军校第 6 期学习。1931 年毕业后，在国立中央大学、天津北宁铁路、江苏津浦铁路等处任职。

1937 年全国性抗日战争爆发后，陈中柱被委任为国民政府军事委员会战地特种团第 3 总队少将团长，参加了台儿庄战役。1938 年底，任鲁苏皖边区游击总指挥部第 4 纵队司令，在苏北从事抗日活动。他非常重视军队文化宣传，在部队组织政工队，编辑出版《战地新闻》《新群报》等，并组织当地中学师生演戏唱歌，宣传国共两党合作抗日。1939 年秋，率部进驻江苏泰州，同新四军配合和日军进行游击战，曾设伏击沉日军汽艇 2 艘。

1941 年 6 月，日伪军分多路"扫荡"陈中柱所在的鲁苏皖边区游击总指挥部，其主要矛头指向陈中柱的第 4 纵队。由于敌人来势迅猛，第 4 纵队未能及时转移，遭到日军包围。陈中柱率部边打边退，损失惨重。退至兴化武家泽一带时被日伪军拦截。战斗中，陈中柱身中数弹，壮烈牺牲。时年 35 岁。

陈中柱牺牲后，残暴的日寇割走了他的头颅。当地百姓将陈中柱尸身殡殓埋葬，并插一块木牌，上面书写"陈中柱将军"。

1945 年抗日战争胜利后，陈中柱被国民政府追晋为中将军衔。

1987 年，经江苏省人民政府批准，被追认为革命烈士。同年，盐城市人民政府将陈中柱烈士墓从泰州迁至盐城市烈士陵园。2014 年 9 月，陈中柱名列第一批 300 名著名抗日英烈和英雄群体名录。

为了纪念陈中柱这位抗日英烈，弘扬爱国主义精神，建湖县人民政府将草堰初级中学命名为"草堰口中柱初级中学"。2006 年，在草堰口中柱初级中学设立了陈中柱史料陈列室。

每年清明节，草堰口中柱初级中学组织全校师生去陈中柱的出生地堰东村，祭扫他的衣冠冢。草堰口中柱初级中学办公室主任姚启发说，陈中柱将军在民族危急存亡关头，用热血和生命捍卫民族尊严，我们也应用陈将军的英雄事迹对学生进行教育。

杨忠

精忠报国　英名长存

杨忠，又名欧阳吉善、欧阳忠。1909年9月出生于江西安福县金田乡南江村一个贫苦农民家庭。1930年参加中国工农红军，同年5月加入中国共产党。1934年10月参加长征。1941年9月3日，杨忠率部达惠民县淄角镇、夹河一带。就在再进一步便可以过黄河与南岸清河军区取得联系时，遭到日军包围。9月4日上午，杨忠在激战中壮烈牺牲，时年32岁。

哪怕为鲁北抗战血洒疆场、肝脑涂地，也要将抗战旗帜插到黄河岸上，插到鹊山之巅！

——杨忠

21 岁投身革命，历经多次革命战斗，长征途中身先士卒带领战士探路搭桥，抗战中数次袭击日伪军据点给予沉重打击，为保卫家园在抗日战场上英勇牺牲……"杨忠烈士的一生虽然短暂，却是革命、奋斗、英勇的一生。"江西省安福县委党史办主任李铁泉这样评价道。

杨忠，又名欧阳吉善、欧阳忠。1909 年 9 月出生于江西安福县金田乡南江村一个贫苦农民家庭。少年时代就参加革命，曾任大桥乡少儿部儿童团支部书记、乡苏维埃主席。1930 年参加中国工农红军，同年 5 月加入中国共产党。1934 年 10 月参加长征。到达陕北后入红军大学学习。后任民运科科长。

1937 年全国抗战爆发后，杨忠任八路军第 115 师民运工作团团长。1938 年 9 月抵达山东乐陵，成立八路军济阳支队，任支队政委。1940 年任鲁北支队司令员兼政委。他鼓励干部战士说："哪怕为鲁北抗战血洒疆场、肝脑涂地，也要将抗战旗帜插到黄河岸上，插到鹊山之巅！"

1941 年，冀鲁边区的津南支队与鲁北支队合编为第 115 师教导 6 旅兼冀鲁边军区，杨忠任政治部主任。为执行上级要求冀鲁边区开辟鲁北东部，打通与清河区的联系，将两个抗日根据地连成一片的指示，教导 6 旅连续两次"打通"行动受阻。同年 7 月，杨忠率旅政治部机关、宣传大队、十七团等执行第三次"打通"任务。沿途大造抗战声势，宣传和发动群众。

1941 年 9 月 3 日，杨忠率部达惠民县淄角镇、夹河一带。就在再进一步便可以过黄河与南岸清河军区取得联系时，遭到日军包围。9 月 4 日上午，杨忠在激战中壮烈牺牲，时年 32 岁。

杨忠为创建鲁北抗日根据地，做出了重要贡献。1941 年 10 月

13 日，第 115 师政治部在向八路军总部报告夹河战斗情况的电报中说，2 纵队到冀鲁边区，杨忠"即任司令，辗转鲁北，坚持鲁北反'扫荡'战争，他在战士和群众中具有很高的威望，对鲁北根据地之创造，建树了无数的功勋"。

为了缅怀先烈，惠民、济阳、商河三县在杨忠烈士战斗、牺牲的地方建立烈士陵园，举行了隆重的安葬仪式，并在杨忠烈士的墓碑上镌以"精忠报国"四个大字。1946 年 12 月，为了纪念杨忠，冀鲁边区在他率领部队开辟的游击区——商、济、惠三县交界处，新设置一个县，并命名为"杨忠县"。

杨忠牺牲已七十多年，他的英勇事迹仍在安福县传颂。"为我们有这样的革命先辈感到骄傲和自豪，他的精神必将激励我们继续努力奋斗，更好地为人民服务。"李铁泉这样告诉记者。

巫恒通

投笔从戎　绝食殉国

　　巫恒通，字天侠，1903年出生于江苏省句容县白兔镇柘溪村一个农民家庭。1939年11月，巫恒通任新四军江南指挥部新编第3团团长。同年加入中国共产党。1941年皖南事变后，日军乘机反复"扫荡"茅山地区，巫恒通在江苏句容多次指挥部队击退日军的突袭。1941年9月6日，巫恒通在大坝上村遭到日军包围，负伤被俘。巫恒通绝食8天，壮烈殉国，时年38岁。

　　坚持抗敌，有敌无我，有我无敌！有敌人在，房屋被毁，人被杀，这是必然遭遇。只有把敌人驱逐出国境，才能保全生命财产。现在什么是我所有的呢？我只有抗战到底的决心。这是我应有的，而且是我应尽的天职。

——巫恒通

在句容市烈士陵园内，有两尊半身铜像，那戴着副眼镜、双眼炯炯有神、永远充满坚定不屈的青年男子，就是当年与日寇进行不屈斗争、最后壮烈殉国的抗战英烈巫恒通。

巫恒通，字天侠，1903年出生于江苏省句容县白兔镇柘溪村一个农民家庭。1925年毕业于江苏省立第三师范。求学期间，积极参加学生爱国运动。毕业后，在无锡县立第四小学（梅村小学）任教，先后任句容县女小校长、南通师范附小教师、句容县督学。1936年任泰兴县教育局长。1937年全国性抗日战争爆发后，积极参加抗日活动。1938年3月，被国民党泰兴县政府以擅离职守罪名逮捕入狱。

1938年夏，新四军挺进江南敌后抗日，创建了以茅山为中心的苏南抗日根据地。10月，巫恒通被保释出狱，与陈毅、管文蔚畅谈抗战大计，并送儿子巫健松到新四军军部教导总队学习。1939年3月，成立句容县民众抗敌自卫团，主动接受新四军指导。11月，句容县民众抗敌自卫团改编为新四军江南指挥部新编第3团，任团长。同年加入中国共产党。

1941年皖南事变后，日军乘机反复"扫荡"茅山地区，巫恒通在江苏句容多次指挥部队击退日军的突袭。日伪军对他恨之入骨，杀其兄，掳其子，毁其家。巫恒通慷慨陈词："坚持抗敌，有敌无我，有我无敌！有敌人在，房屋被毁，人被杀，这是必然遭遇。只有把敌人驱逐出国境，才能保全生命财产。现在什么是我所有的呢？我只有抗战到底的决心。这是我应有的，而且是我应尽的天职。"4月，巫恒通任第五行政区督察专员兼句容县县长。

1941年9月6日，巫恒通在大坝上村遭到日军包围，负伤被俘。日军百般威胁利诱，并将其幼子巫健柏带到囚室企图软化其意志。巫恒通对幼子说："你要永远记住你伯父、伯母和叔父是怎样死的，永远记住你爸爸是怎样至死不投降的……你爸爸就要像文天祥、史可法那样为国牺牲了，你要继承父辈遗志，长大后献身革命，做一个有志气又有骨气的中国人。"巫恒通绝食 8 天，壮烈殉国，时年 38 岁。

　　印章、毛毯、方桌、长凳……在江苏茅山新四军纪念馆里，陈列着抗战时期巫恒通烈士使用过的物件，表现出烈士艰苦朴素、坚强乐观的人生信念。"我们家人一直都是听党话跟党走，做老实人，做老实事。""巫氏一门忠烈，前赴后继保家卫国，这种不屈不挠的精神将代代相传。"巫恒通的孙子巫充实这样对记者说。

武士敏

大义凛然　抒写爱国气节

　　武士敏，字勉之，1892年出生于河北怀安县柴沟堡镇。全国抗战爆发后，武士敏率部开赴河北、山西抗日前线。1939年升任国民革命军陆军第98军军长。1941年5月，中国军队中条山战役失利。武士敏率领第98军转入敌后，与八路军一起在山西抗击日军。9月29日，武士敏在突围战斗中头部中弹，因失血过多牺牲，时年49岁。图为2015年9月23日，武士敏铜雕在河北省怀安县柴沟堡镇落成揭幕。

河北省张家口市怀安县柴沟堡镇中心花园的中央，矗立着一尊高大的青铜雕像，铜像身披戎装，一手叉腰凝望前方。他就是抗日英雄武士敏将军，一生为中华民族解放而英勇奋斗，直到跃马前线与日军鏖战为国捐躯。

武士敏，字勉之，1892 年出生于河北怀安县柴沟堡镇。幼年读私塾，1908 年考入宣化中学堂，毕业后入天津北洋政法专门学校。学生时代加入同盟会。曾参加护国讨袁战争。1918 年参加陕西靖国军，反对北洋军阀。1925 年任国民军第 3 军骑兵支队长。1926 年赴苏联考察军事。1927 年回国后，任西北军第 1 师 2 旅旅长、第 42 师 124 旅旅长兼潼关警备司令等职。1936 年西安事变后，任国民革命军陆军第 169 师师长。

1937 年全国抗战爆发后，武士敏率部开赴河北、山西抗日前线。1939 年升任国民革命军陆军第 98 军军长。1941 年 5 月，中国军队中条山战役失利。武士敏率领第 98 军转入敌后，与八路军一起在山西抗击日军。9 月下旬，日军集中主力将第 98 军合围在山西沁水县东峪、西峪。日军多次派人劝武士敏投降，但均遭拒绝。9 月 23 日，日军向第 98 军发起攻击，武士敏指挥部队顽强抵抗，多次组织突围。9 月 29 日，武士敏在突围战斗中头部中弹，因失血过多牺牲，时年 49 岁。

武士敏牺牲后，晋冀鲁豫边区政府追认他为革命烈士，全区举行追悼大会，并决定将他的牺牲地沁水县改为士敏县。1983 年怀安县政府重新修葺了武士敏故居，陈列他生前遗物。

武士敏故居已成为怀安县爱国主义教育基地。"武士敏的爱国精神和浩然正气，不但没有随着岁月的流逝而消失，而且被发扬光大，永留人间。"从事文史研究工作多年的怀安县退休干部张进善说。

2014年9月，武士敏名列第一批300名著名抗日英烈和英雄群体名录。2015年9月，武士敏铜雕在怀安县柴沟堡镇落成。每年清明、烈士纪念日，当地广大干部群众纷纷来到铜雕前祭奠，缅怀英雄。

柴沟堡镇民主小学成立"武士敏英雄中队"，在爱国主义精神感召下，一代又一代少先队员发奋学习，茁壮成长。英雄中队学生沈子艺说："武士敏将军宁死不屈、舍己为人的精神激励着我们。今天的美好生活来之不易，我们必须努力学习，长大后为国家做贡献。"

武士敏之子武铁说："我父亲牺牲时，我只有7岁。2015年，我作为烈士后人，参加了纪念中国人民抗日战争暨世界反法西斯战争胜利70周年阅兵式。同年，我回到故乡怀安县柴沟堡镇参加了父亲铜雕的落成仪式。作为英雄后人，我们无论身在何处，都要继承遗志，完成他们未竟的事业。"

狼牙山五壮士

宁死不屈 视死如归

　　1941年8月，侵华日军对晋察冀边区进行毁灭性"大扫荡"。9月25日，日伪军围攻狼牙山地区。晋察冀军区党政机关、部队和群众转移时，留下第6班班长马宝玉，副班长、共产党员葛振林，及宋学义、胡德林、胡福才5名战士担负后卫阻击，掩护全连转移。他们坚定沉着，利用有利地形，奋勇还击，打退日伪军多次进攻，毙伤90余人，被人民群众誉为"狼牙山五壮士"。图为狼牙山棋盘陀峰顶的"狼牙山五勇士纪念塔"（2017年10月27日无人机拍摄）。

　　视死如归本革命军人应有精神，宁死不屈乃燕赵英雄光荣传统。

——聂荣臻

"视死如归本革命军人应有精神，宁死不屈乃燕赵英雄光荣传统。"这是当年晋察冀军区司令员兼政治委员聂荣臻为狼牙山五壮士纪念塔题的词。以共产党员、班长马宝玉为首的八路军5位英雄，用生命和鲜血谱写出一首气吞山河的壮丽诗篇。

马宝玉，1920年生，河北蔚县人。1937年卢沟桥事变后，参加了八路军，加入中国共产党。他作战勇猛顽强，在阜西庄一战中，用一把铁锹劈死一名日军，缴获一支"三八大盖"。在夜袭管头村的战斗中，他击毙一名日军机枪手，为部队前进扫清了道路。

1941年8月，侵华日军华北方面军调集7万余人兵力，对晋察冀边区所属的北岳、平西根据地进行毁灭性"大扫荡"。9月25日，日伪军3500余人围攻易县城西南的狼牙山地区，企图歼灭该地区的八路军和地方党政机关。晋察冀军区第1军分区第1团第7连奉命掩护党政机关、部队和群众转移。完成任务撤离时，留下第6班班长马宝玉，副班长、共产党员葛振林及宋学义、胡德林、胡福才等5名战士担负后卫阻击，掩护全连转移。他们坚定沉着，利用有利地形，奋勇还击，打退日伪军多次进攻，毙伤90余人。

次日，为了不让日伪军发现连队转移方向，他们边打边撤，将日伪军引向狼牙山棋盘陀峰顶绝路。日伪军误认咬住了八路军主力，遂发起猛攻。5位战士临危不惧，英勇阻击，子弹打光后，用石块还击，一直坚持战斗到日落。面对步步逼近的日伪军，他们宁死不屈，毁掉枪支，义无反顾，纵身跳下数十丈深的悬崖。马宝玉、胡德林、胡福才壮烈殉国；葛振林、宋学义被山腰树枝挂住，幸免于难。

马宝玉等5位战士的壮举，表现了崇高的爱国主义、革命英雄主义精神和坚贞不屈的民族气节，被人民群众誉为"狼牙山五壮士"。

晋察冀军区领导机关授予3名烈士"模范荣誉战士"称号，并追认胡德林、胡福才为中国共产党党员；通令嘉奖葛振林、宋学义，并授予"勇敢顽强"奖章，宋学义光荣加入中国共产党。

为纪念和表彰5位抗日英雄，当地革命政府在棋盘陀峰顶修建了"狼牙山三烈士碑"。1959年5月重建，更名为"狼牙山五勇士纪念塔"。中华人民共和国成立后，宋学义转业到地方工作，1978年逝世。葛振林1981年7月离职休养，离休前任湖南省军区衡阳军分区后勤部副部长，2005年3月逝世。

狼牙山五勇士陈列馆馆长李芳告诉记者，这里自1993年被评为河北省爱国主义教育基地以来，累计接待游客1000余万人。每年清明节等节日，狼牙山所在的易县都组织中小学生、机关单位工作人员来此开展纪念活动，纪念馆下一步打算完善和创新主题教育形式，采用专题教学、体验教学等方式丰富课程，让游客们在参观的过程中了解更多红色历史。

如今，易县依托狼牙山、清西陵、易水湖等景区发展全域旅游，越来越多群众走上了致富路。狼牙山五壮士的革命精神，依然被易县干群不断学习传承，而一个经济社会繁荣发展、人民生活幸福安康的崭新易县正在这种精神的引领下迈向未来。

陈明

红土地走出的抗战英雄

陈明，原名若星，字少微。1902年出生于福建省龙岩县（今龙岩市新罗区）。1926年加入中国共产党。1941年4月，陈明任山东省战时工作推行委员会副主任委员兼秘书长，主持整个战时工作委员会工作。11月，日军对山东抗日根据地沂蒙山区实行"铁壁合围"，妄图消灭中共山东党政军领导机关和沂蒙山主力部队。11月30日凌晨，陈明在沂南与费县交界处的大青山和日军遭遇，激战中，壮烈牺牲，时年39岁。

奋身伐贼，虽死犹荣。

——陈明

在闽西龙岩，一个英烈的名字至今仍然被当地群众传颂，他就是在抗日战争中英勇牺牲的陈明烈士。

陈明，原名若星，字少微。1902年出生于福建省龙岩县（今龙岩市新罗区）。1921年毕业于福建省立第九中学。曾与邓子恢等进步青年发起组织革命书社"奇山书社"。1925年到厦门中山中学任教。

1926年秋，陈明进入上海大学社会学系半工半读。同年10月加入中国共产党，受党组织委派到国民革命军东路军政治部负责宣传工作。同年冬，任国民党福建省党部宣传部长，主编《福建评论》《国民日报》。

1927年"四一二"反革命政变后，陈明到武汉向党中央汇报工作。同年8月，以中共中央福建省党务特派员的身份，回闽重建中共闽南、闽北两个特委，任闽南特委书记。12月，在漳州主持召开党组织联席会议，成立中共福建省临时委员会，任书记，后任省委宣传部长。1928年9月，被派到苏联莫斯科东方大学中国班第3期学习。1931年冬毕业回国后，进入中央苏区，被分配到瑞金红军学校担任教官。1932年4月被调到东路军前锋部队，负责宣传工作。

1934年10月，陈明随中央红军长征。遵义会议后，调干部团任教，后任训练科长、政治委员。1936年任中国工农红军大学高干科教员。

1937年全国抗战爆发后，陈明任八路军随营学校政治委员。1939年冬，奉命进入山东，任八路军第115师政治部宣传部部长。后任中共山东分局党校副校长、山东分局政府工作部部长、山东省宪政促进会常委、山东分局政府工作委员会副主任。

1941年4月，陈明任山东省战时工作推行委员会副主任委员兼秘书长，主持整个战时工作委员会工作。他根据山东的革命斗争实际，撰写、发表了许多有影响的文章，如《抗日民主政权》《拥护民主政权》等，还颁发了《县区乡各级政府组织条例》《民众抗日自卫团暂行条例》等一系列法规，为建设山东抗日民主政权做出了重要贡献。

1941年11月，日军对山东抗日根据地沂蒙山区实行"铁壁合围"，妄图消灭中共山东党政军领导机关和沂蒙山主力部队。11月30日凌晨，陈明在沂南与费县交界处的大青山和日军遭遇，激战中，壮烈牺牲，时年39岁。

红色是闽西的"底色"，也是这块红土地的"魂"。陈明烈士故乡龙岩是著名革命老区。近年来，龙岩市通过各种举措积极保护传承红色文化，进行了系统化、制度化保护，传承好红色基因，加快老区振兴。

陈若克

战士　母亲　英雄

陈若克，又名陈玉兰、陈雪明，祖籍广东顺德，1919年出生在上海。1936年8月，加入中国共产党。历任中共中央山东分局妇委会委员，山东省临时参议会驻会议员，山东省妇女救国联合会常务委员、执行委员等职务。1941年11月26日，被日军杀害。1941年深秋，日伪军大举进逼沂蒙山区。11月7日，在突围作战中，怀有8个多月身孕的陈若克不幸被俘。11月26日，陈若克母子二人惨死在侵略者的刺刀之下。

山东孟良崮烈士陵园里，有这样一座坟墓：青黑色的墓碑正面，遒劲的字体镌刻着"陈若克烈士之墓"；墓碑背后，是一方小小的坟茔。22岁的陈若克与她未曾满月的孩子，已在沂蒙山长眠了近80年。

陈若克，又名陈玉兰、陈雪明，祖籍广东顺德，1919年出生在上海。她的家境并不宽裕——父亲是当地报馆的小职员，母亲是婢女出身的家庭妇女。陈若克8岁时，曾在小学就读过一年半的时间。因在学校寡言少语，被老师、同学喊作"小哑巴"。随着父亲病故，陈若克不得不辍学，随母亲进工厂做工。

15岁的陈若克，白天在工厂做工，晚上到工人夜校读书。繁重的体力劳动，让她年纪轻轻便患上胃病、贫血、头痛、肺气肿等病痛。然而，正是这艰苦的生活，锤炼了她的意志与品格，让她投身到风起云涌的工人运动中。面对工厂主、资本家，陈若克直陈道理、毫无惧色，让她在工人群体中小有名气。

1936年8月，陈若克加入中国共产党。随后，她辗转湖北、山西等地，并于1937年进入华北军政干部学校学习。其间，她不断汲取先进思想的养分，积极参加抗日救亡活动。抗日战争全面爆发后，她历任中共中央山东分局妇委会委员，山东省临时参议会驻会议员，山东省妇女救国联合会常务委员、执行委员等职务。

在革命工作中，陈若克收获了志同道合的爱人——随后担任中共中央山东分局书记的朱瑞。如今，在山东沂蒙党性教育基地，人们可以看到这样一张泛黄的老照片。照片上，陈若克与丈夫朱瑞席地而坐，一同笑对镜头。陈若克轻轻靠向朱瑞的右肩，嘴角眉梢里都洋溢着暖暖的笑意。

抗日烽火燃遍神州大地，每一份救亡图存的力量都显得弥足珍贵。

陈若克从事妇女工作时，发动妇女参加抗日救国会、识字班和姐妹剧团，唤醒广大妇女投身抗日事业。她组织编写妇女刊物，培养、选拔妇女干部，对当时山东妇女工作起到积极推动作用。

1941年深秋，日伪军大举进逼沂蒙山区。11月7日，在突围作战中，怀有8个多月身孕的陈若克不幸被俘。两天后，她在狱中产下一名婴儿。但这并未引起敌寇丝毫的怜悯。陈若克饱受身体上的摧残与精神上的折磨。她的孩子更被敌人当成要挟她的资本。日本人知道陈若克身体虚弱、无力喂养孩子，于是便把一瓶牛奶送进牢房，希望以此击垮她的精神防线。陈若克没有屈服于敌人的威逼利诱，她毅然咬破自己的手指，用鲜血哺育自己幼小的孩子。

恼羞成怒的日军最终举起了屠刀。11月26日，陈若克母子二人惨死在侵略者的刺刀之下。

陈若克牺牲后，一位老乡把她们的遗体偷偷运回了沂蒙红嫂王换于家。王换于变卖部分家产，购置了一大一小两口棺材，把她们隐蔽安葬在自家地里。下葬那天，匆匆赶来的朱瑞最后一次看到自己的妻儿，悲痛万分。

今天，在孟良崮烈士陵园，在沂蒙红嫂纪念馆，陈若克的名字如雷贯耳，她的事迹被广为传颂。松柏林下，山风萧萧。陈若克墓的身后，是一眼望不尽的、像方阵列队般的无名烈士墓……

廖海涛
奋战到最后一刻的抗日英雄

廖海涛，1909 年出生，福建省上杭县溪口乡人，1927 年 12 月加入中国共产党。皖南事变后，新四军江南指挥部所属部队和江南人民抗日救国军东路指挥部合编为新四军第 6 师，廖海涛任 6 师 16 旅政委兼苏南抗日根据地军政委员会主任。1941 年 11 月 27 日深夜，日军对 16 旅驻地江苏溧阳塘马村发动突然袭击。廖海涛组织旅部及中共苏皖区党委机关转移时，腹部中弹，最终因伤势过重壮烈牺牲，年仅 32 岁。

　　闽西崇山峻岭中的上杭县溪口镇风光秀丽。青山下，清澈见底的小溪从古色古香的民居旁流过。历史回溯百年，这里走出了一位在抗战前线奋战到生命最后一刻的英烈——廖海涛。

　　廖海涛，1909 年出生，福建省上杭县溪口乡人。1927 年 12 月加入中国共产党，1929 年 5 月领导当地农民暴动。土地革命战争时期，他历任乡苏维埃政府主席，区苏维埃政府副主席，中共代英县委副书记、县苏维埃主席。

　　1934 年 10 月中央红军主力长征后，廖海涛留在闽西苏区，历任中共杭武县委书记、县苏维埃政府主席，闽西南军政委员会委员兼中国工农红军闽西第 7 支队政委，领导上杭苏区军民坚持了极为艰苦的三年游击战争。

　　全国抗战爆发后，1938 年，闽西南游击队改编为新四军第 2 支队，廖海涛先后任第 2 支队 4 团政治部主任、政治委员等职，在张鼎丞的率领下挺进苏南敌后，参与创建以茅山为中心的抗日根据地，于江宁、句容、溧阳、溧水地区开展游击战争，创建敌后根据地。

　　1940 年 2 月，廖海涛任新四军第 2 支队副司令员兼政治部主任。5 月，他指挥赤山战斗，歼灭日军中队长以下 130 余人。7 月，陈毅、粟裕率江南指挥部主力渡过长江挺进苏中、苏北建立新四军苏北指挥部后，廖海涛任江南指挥部政委。

　　皖南事变后，新四军江南指挥部所属部队和江南人民抗日救国军东路指挥部合编为新四军第 6 师，廖海涛任 6 师 16 旅政委兼苏南抗日根据地军政委员会主任。

　　1941 年 5 月，他和旅长罗忠毅率 16 旅 46 团、47 团回师茅山地区，经浴血奋战，终于恢复和巩固了茅山抗日根据地。10 月，他和旅长罗忠毅率旅部及中共苏皖区委机关驻江苏省溧阳县塘马村一带。

1941 年 11 月 27 日深夜，日军集中步、骑、炮联合兵种共 3000 余人，对 16 旅驻地江苏溧阳塘马村发动突然袭击。廖海涛组织旅部及中共苏皖区党委机关转移，率部对敌阻击，掩护机关人员突围，打退日军多次疯狂进攻。战斗从 28 日凌晨一直坚持到中午，毙伤日伪军 300 多名。廖海涛身陷重围，腹部中弹，仍然手捂伤口继续指挥战斗，最终因伤势过重壮烈牺牲，年仅 32 岁。

廖海涛烈士的故乡上杭县是中央苏区的重要组成部分。近年来，上杭县高度重视保护红色文化，将红色旅游与历史文化遗产利用保护、革命老区经济社会发展、现代旅游产业发展结合起来，实施了古田会议旧址群维修保护、毛泽东才溪乡调查旧址维修和纪念馆扩建、将军和名人故居维修保护等工程，产生了良好的政治、社会影响。

罗忠毅

至忠至毅的抗日英雄

　　罗忠毅，1907 年出生，早年参加进步学生运动。1927 年入冯玉祥部当兵。1932 年加入中国共产党。全国抗战爆发后，任新四军第 2 支队参谋长、江南指挥部参谋长、江南指挥部指挥。1941 年 11 月 28 日，日伪军 3000 余人袭击溧阳塘马村，为了掩护正在塘马村开会的苏南抗日根据地党、政、军干部安全转移，罗忠毅与第 16 旅政治委员廖海涛率部与敌人展开殊死搏斗，壮烈牺牲，时年 34 岁。

百年老校襄阳市昭明小学里，有一个永不褪色的红色故事，那是有关至忠至毅的抗日英雄罗忠毅的。这位从襄阳走出去的新四军抗日名将，他的事迹至今仍在激励后人。

罗忠毅，1907年出生，早年参加进步学生运动。1927年入冯玉祥部当兵。1931年，随国民党军第26路军到江西，同年12月参加宁都起义，编入中国工农红军第5军团。罗忠毅作战勇敢，屡立战功，从班长晋升为排长、连长、营长，后到瑞金入红军学校学习。

罗忠毅1932年加入中国共产党，1933年起任福建军区司令部作战科科长、连（城）宁（化）（龙）岩军分区参谋长，参加了中央苏区第四、第五次反"围剿"。1934年10月中央红军主力长征后，罗忠毅任福建军区第3分区副司令员兼参谋长、闽西南第1作战分区司令员、闽西南游击队第1纵队司令员、闽西人民抗日义勇军司令员，在闽西南地区坚持极其艰苦的三年游击战争。

全国抗战爆发后，罗忠毅任新四军第2支队参谋长、江南指挥部参谋长，参与创建以茅山为中心的苏南抗日根据地。他参与指挥了水阳伏击战、官陡门奇袭战等战斗。1940年7月新四军江南主力北渡长江后，罗忠毅任重建的江南指挥部指挥，留苏南坚持敌后抗日游击战争，指挥部队多次挫败日伪军"扫荡""清乡"和国民党顽固派军队的进攻。

1941年皖南事变后，罗忠毅率部艰苦作战，接应新四军突围北撤人员。在西池塘战斗中，他的新婚妻子柳肇珍牺牲。同年4月，他任新四军第6师参谋长兼16旅旅长，率部转战于句容、丹阳、武进、溧水地区，曾指挥部队在黄金山地区同国民党顽固派军队作战，打退了顽军的进攻。

1941 年 11 月 28 日，日伪军 3000 余人袭击溧阳塘马村，为了掩护正在塘马村开会的苏南抗日根据地党、政、军干部安全转移，罗忠毅与第 16 旅政治委员廖海涛率部与敌人展开殊死搏斗，壮烈牺牲，时年 34 岁。

走在昭明小学校园，地面绘有世界地图、中国地图、襄阳地图，中国地图上还用红色线标注了中国工农红军二万五千里长征路线图，教育引导学生"放眼看世界、心中有祖国"。

"这里是孩子们出发的地方，新生入学第一课就是和父母一起参观校史馆，其中一个重要的环节就是了解罗忠毅等革命先烈的生平事迹，学习其革命精神。"昭明小学少年队大队辅导员刘茜说，昭明小学把四月定为革命传统教育月、十月为爱国爱队教育月，传承红色基因，汲取信仰力量。

78 岁的孙久全老人是襄阳市新四军历史研究会理事，他对罗忠毅的敬仰都浓缩在了家里那一摞已经泛黄的书本和报纸里——那是老人搜集的有关罗忠毅的史料和自己写的研究文章，也是老人珍视的宝贝。

"缅怀英烈是为了更好地在新时代砥砺前行。尤其是英烈故乡的年轻一代，更要传承和发扬先烈的革命精神，居安思危，把先烈遗愿化宏图，开创明天新的美好生活。"孙久全说。

辛锐

舍身参加革命
巾帼不让须眉

辛锐，原名辛树荷，1918年生于山东省章丘县（现济南市章丘区），出身名门。10岁时跟随时任山东省参议员的祖父来到济南，定居在大明湖畔，师从济南名画家黄固源学画。"七七事变"后，几经辗转，移居滕县桑村镇，加入了八路军，参与筹建《大众日报》。1941年11月，侵华日军出动五万兵力，对沂蒙山区进行"大扫荡"。12月，辛锐壮烈牺牲，年仅23岁。

你们快走，冲出一个是一个！

——辛锐

在山东省济南市章丘区有一所以烈士命名的中学——辛锐中学，这里的学生学辛锐、唱辛锐、颂辛锐，经常以多种形式缅怀这位抗日女英雄。

辛锐原名辛树荷，1918 年生于山东省章丘县（现济南市章丘区），出身名门。10 岁那年，她跟随时任山东省参议员的祖父辛铸九来到济南，定居在大明湖畔，师从济南名画家黄固源学画。

长城抗战打响之后，各界人士掀起了救亡捐献活动。辛铸九在济南民众教育馆为辛锐举办画展，将义卖所得之款全部捐给了抗日将士和东北的流亡同胞。

"七七事变"后，日寇直驱黄河北岸，威逼济南。是年 8 月底，辛锐随父亲辛葭舟离开济南，几经辗转，移居滕县桑村镇。日寇占据滕县后，烧杀奸淫，日甚一日。辛氏一家在有家难归、救国无门的危难时刻，加入了八路军。"参加八路军了，是革命战士了。"辛锐经常这样告诫弟弟和妹妹。在烽火连天的战争年代，一家人开始了艰苦的军旅生涯，人不卸甲、马不离鞍、居无常所、食无定时是常有的事。

部队到达沂水县后，辛锐来到了山东抗日军政干校第二期妇女队学习。她严于律己，每天除了按时完成学习任务外，休息时还挤时间作画。不久，中共山东省委机关报《大众日报》创刊，山东省妇联推荐辛锐参加该报的筹建工作，"创刊号"报头上的毛泽东木刻像就出自她手。

1939 年，辛锐在党校学习期间，认识了时任副校长的陈明。带着共同的理想和信念，两人走到了一起。婚后第三天，辛锐回到了中共山东分局筹建的姊妹剧团任团长。在剧团工作期间，辛锐带头实干，亲自编写剧本、担任导演、登台演出，剧团创作的话剧《雷雨》《血路》等深受部队和广大群众的欢迎。

1941 年 11 月，侵华日军出动五万兵力，对沂蒙山区进行"大扫荡"。辛锐当时已有身孕 5 个月，与部分人员隐蔽在大青山的大崮一带，而陈明率 60 余名机关人员突破敌人防线插入敌后。

11 月 30 日拂晓，中共山东分局和战工会在大青山被围，激战一昼夜。大部分人突出重围，但伤亡惨重，其中率部突围北上的陈明等人不幸遇难。辛锐两个膝盖骨受重伤，被一位老大娘掩护起来。经过休养，辛锐的伤愈合了，但两腿已成残废。她曾多次问身边的同志："陈明现在何处？怎么不来看我？"同志们一直不忍心把真实情况告诉她。

12 月 17 日，一股撤退的日军包围了辛锐的驻地。情况万分紧急，必须马上转移。四名同志抬着辛锐上了北山，刚出村，枪声大作，日军围了上来。辛锐果断地命令同志们放下她赶快突围。四名同志不忍心这样做，仍然抬着她边打边冲。不料辛锐一跃从担架上滚下来："你们快走，冲出一个是一个！"这时，敌人已经围上来，狂叫着："抓活的！抓活的！"辛锐一连扔出两颗手榴弹，敌人倒下数人。突然，一梭子弹飞来，射中辛锐胸部。她强忍着剧痛，靠在一块石头边，怒视敌人，待日军靠近了，她用力拉响最后一颗手榴弹，"轰"的一声巨响，年仅 23 岁的辛锐与敌人同归于尽。

包森

纵马冀东　剑吼长城

　　包森，原名赵宝森，又名赵寒，1911年7月生于陕西省蒲城县。1932年春加入中国共产党，同年冬，受党组织派遣到泾阳县苗嘉游击队从事扩大红军等工作。先后任冀东军分区副司令员、冀东军分区13团团长。1942年2月17日，包森带领部队住在遵化县西北20里的野虎山时，遭到日军田中大队和"伪满洲队"的突然袭击，在指挥战斗中，包森胸部中弹不幸牺牲，时年31岁。

"从小就听长辈讲三爷爷抗日的故事，他在烽火连天的岁月，义无反顾投身到革命事业中，转战长城内外，跃马燕赵大地，点燃抗战烽烟，痛击日寇伪顽，为民族解放事业做出了杰出贡献。"抗日英烈包森的侄孙赵珂说，为了更好地传承红色基因，他和家人在对下一代的教育中常常融入包森的英雄事迹，还曾专程前往包森曾经战斗过的地方追思缅怀。

包森，原名赵宝森，又名赵寒，1911 年 7 月生于陕西省蒲城县。1932 年春加入中国共产党，同年冬，受党组织派遣到泾阳县苗嘉游击队从事扩大红军等工作。1933 年秋，包森遭当局逮捕，西安事变后经组织营救出狱。

1937 年 3 月，包森被派往中国人民抗日军政大学学习。"七七事变"后，他从延安随八路军奔赴华北抗日前线，在晋察冀抗日根据地独立 1 师任 33 大队总支部书记。1938 年 6 月率 40 多人在河北兴隆一带开辟抗日游击区。任职期间，包森率部英勇作战，历经大小战斗数十次，歼灭日伪军数百人，缴获枪支数百支。不久，包森被任命为冀东军分区副司令员。

1939 年 4 月，包森率部在遵化城东北活捉日本天皇表弟宪兵大佐赤本，一时震惊日本朝野。同年秋，包森任八路军第 13 支队副司令员。

1940 年 2 月，包森率部到达盘山，全力开辟盘山抗日根据地。6 月下旬设伏白草洼，与日军激战 14 个小时，全歼日军一个骑兵中队，首开冀东整连全歼日军战斗的先河。同年秋，冀东军分区 13 团正式组建，包森任团长。经一年浴血奋战，盘山地区建立了七个联合县政府，境内人口 200 多万。

　　1941 年春，包森率部参加反"治安强化运动"。同年秋，冀东军分区打击伪治安军的作战行动开始后，包森多谋善断、英勇果敢，在他的指挥下，部队打了一个又一个漂亮仗。其中 1942 年 1 月燕山口内果河沿一役，包森以七个连的兵力，毙俘敌伪中佐以下官兵近千人，创造了以少胜多、以弱胜强的奇迹。当时在冀东一带包森的大名妇孺皆知，人们亲切地称他"包队长""包司令""包团长"。而敌人则把他视为克星，伪军们口角，常以"出门打仗碰上老包"为咒。

　　包森在与日伪军短兵相接的战斗厮杀中，不止一次负伤挂彩，但他早已将生死置之度外，每次都坚守在战斗指挥的最前线。1942 年 2 月 17 日，包森带领部队住在遵化县西北 20 里的野虎山时，遭到日军田中大队和"伪满洲队"的突然袭击，在指挥战斗中，包森胸部中弹不幸牺牲，时年 31 岁。

　　中华人民共和国成立后，为了纪念和缅怀包森烈士，河北石家庄华北烈士陵园、天津盘山烈士陵园、北京平西烈士陵园等地，先后建立了包森烈士陵寝和纪念碑。2009 年，包森故居被命名为蒲城县爱国主义教育基地，成为当地青少年学习和传承革命传统的重要阵地，每逢清明，都会有大批群众和党员干部前来瞻仰学习。

范子侠

寒门虎将　骁勇善战

　　范子侠，1908 年出生于江苏丰县，在东北军曾任连长、营长等职。1931 年"九一八事变"后，因不满国民党的不抵抗政策，范子侠愤然辞去军职，另寻抗日救国的其他途径。全国抗战爆发后，范子侠组织抗日义勇军，在河北无极、藁城、新乐、行唐一带打游击。1939 年 11 月，范子侠所部被改编为八路军 129 师平汉游击纵队，范子侠任司令员，同年底加入中国共产党。1942 年 2 月 12 日，范子侠在沙河展开反"扫荡"激战时中弹牺牲，时年 34 岁。

　　我前进你们跟着我，我停止你们推动我，我后退你们枪毙我！

——范子侠

　　走进江苏徐州市丰县的子侠小学，正对学校大门的主干道上有一座范子侠的青石半身像。这里是范子侠的母校，学校西教学楼的北墙上，贴着范子侠的钛金像，画像下方写着"将军母校，与时俱进；红色精神，代代相传"。

　　范子侠，1908 年出生于江苏丰县华山镇大史楼村一个贫苦佃农家庭。1922 年，14 岁的范子侠只身流浪到福建，毛遂自荐给一个副官当勤务兵，后被送至天津入东北军随营学校学习。毕业后，他在东北军曾任连长、营长、团长等职。1931 年"九一八事变"后，因不满国民党的不抵抗政策，范子侠愤然辞去军职，另寻抗日救国的其他途径。

　　1933 年范子侠加入察哈尔民众抗日同盟军并任某部团长，率部参加克复康保、多伦等地区对日军作战。1935 年绥东抗战爆发后，范子侠秘密打入伪军李守信部金宪章旅，任营长，在百灵庙战役中策动全营起义，并迫使金宪章旅投降。范子侠因此被国民党军事当局视为危险分子，遭到禁锢，直到"七七事变"后才获释出狱。

　　全国抗战爆发后，范子侠组织抗日义勇军，在河北无极、藁城、新乐、行唐一带打游击。1938 年春，范子侠自改番号为冀察游击第二师，率部由河北行唐南下，转战冀西、豫北一带。1939 年 6 月，范子侠应邀在八路军 129 师师部与师长刘伯承、政委邓小平见面。同年 11 月，范子侠所部被改编为 129 师平汉游击纵队，范子侠任司令员。同年底，范子侠加入中国共产党。

　　1940 年范子侠任八路军第 129 师新编 10 旅旅长，率部参加了百团大战。范子侠素以骁勇善战著称，能双手用枪。为防备敌人暗杀，一身配用三支手枪。每当作战时，他手执双枪、左右开弓，弹无虚发，令敌人闻风丧胆。

1942年2月，日军对太行、太岳抗日根据地发动"第2期驻晋日军总进攻"。2月12日，范子侠在沙河展开反"扫荡"激战时中弹牺牲，时年34岁。"我前进你们跟着我，我停止你们推动我，我后退你们枪毙我！"范子侠用生命诠释了他的这句话。

为纪念范子侠，1998年丰县人民政府将华山镇大史楼小学更名为"子侠小学"，并列入县爱国主义教育基地。县政府在县烈士陵园建造了范子侠烈士纪念碑，范子侠出生地所在的华山镇政府则为其建立了衣冠冢。

"每逢烈士纪念日、清明节等纪念性节日，学校都会组织全校师生在范子侠将军的塑像前献花，去他的衣冠冢前祭扫，并邀请老同志宣讲范子侠将军的事迹。"校长刘轶群表示，学校将继承先烈遗志，发扬红色传统，将红色教育融合在教学实践中，培养学生们的爱国情怀。

赵尚志

"争自由，誓抗战"的义勇军领袖

赵尚志，1908年出生于辽宁省朝阳县。早年投身学生爱国运动。1925年加入中国共产党，是东北地区最早的党员之一。同年冬入广州黄埔军校第四期学习。1926年回东北从事革命活动。曾两次被捕入狱，但他严守党的机密，坚贞不屈。"九一八事变"后经组织营救出狱，被任命为中共满洲省委常委、军委书记。1942年2月12日，赵尚志在率部与敌人作战时身负重伤被俘，宁死不屈，视死如归，英勇牺牲。

争自由，誓抗战。效马援，裹尸还。

——赵尚志《黑水白山·调寄满江红》

"争自由，誓抗战。效马援，裹尸还。看拼斗疆场，军威赫显……"今天，当赵尚志的侄女赵淑红低沉地吟诵伯父所写的《黑水白山·调寄满江红》时，仍让生活在和平年代的人们感到冲天豪气。

辽宁省朝阳市朝阳县尚志乡，巍峨的云蒙山高耸入云，清澈的小凌河源远流长，这里是著名抗日将领赵尚志的家乡。

赵尚志，1908年出生于辽宁省朝阳县。早年投身学生爱国运动。1925年加入中国共产党，是东北地区最早的党员之一。同年冬入广州黄埔军校第四期学习。1926年回东北从事革命活动。曾两次被捕入狱，但他严守党的机密，坚贞不屈。"九一八事变"后经组织营救出狱，被任命为中共满洲省委常委、军委书记。

1933年10月领导创建北满珠河反日游击队，任队长。1934年6月任东北反日游击队哈东支队司令，与李兆麟等创建了珠河、汤原抗日游击根据地。1935年1月任东北人民革命军第3军军长。1936年1月任北满抗日联军总司令部总司令。同年8月任东北抗日联军第3军军长。后任中共北满临时省委执委会主席、东北抗日联军第2路军副总指挥。

面对日伪军的疯狂"讨伐""清剿"，在极其艰难困苦的险恶环境中，赵尚志率领抗联部队对日伪军进行了英勇无比的艰苦战斗，远征松嫩平原，爬冰卧雪，风餐露宿，作战百余次，打破了日伪军一次次的重兵"讨伐"和"清剿"。

"小小满洲国，大大赵尚志"，是日本侵略者发出的无奈感叹。他们认为，关东军在满洲的很多伤亡都是赵尚志造成的，满洲的最大危害是"南杨北赵"。"南杨"是南满的杨靖宇，"北赵"是北满的赵尚志。

1942年2月12日，赵尚志在率部与敌人作战时身负重伤被俘，宁死不屈，视死如归，痛斥敌人。穷凶极恶的敌人割下了他的头颅，运到长春庆功，把他的躯体扔进了松花江的冰窟中。此后，头颅便下落不明。直至2004年6月，失踪62年的赵尚志颅骨才在吉林长春护国般若寺被发现。2008年10月25日，在赵尚志将军诞辰100周年时，他的颅骨才得以安葬于家乡赵尚志烈士陵园。

张琦

中国远征军抗日英烈

张琦，1910 年出生于永州市祁阳县文明铺。1927 年秋任南京国民政府财政部税警总团连部文书，后任特务长、排长。1941 年，税警总团改编为新编第 38 师。1942 年 4 月，新编第 38 师编入中国远征军赴缅甸作战，张琦任第 38 师 113 团副团长。1942 年 4 月 19 日，张琦率部向日军山地工事发起进攻，并亲自到阵地察看地形和进攻路线，结果暴露在日军暗堡火力下，不幸背部中弹牺牲。

在湖南省永州市祁阳县文明铺镇丝塘冲村一座青松环抱的山上，张琦烈士墓和纪念碑格外引人注目，每到清明时节，总有不少人前来参观、凭吊，一代英烈张琦的事迹广被知晓和传颂。

张琦，1910 年出生于永州市祁阳县文明铺。1927 年秋任南京国民政府财政部税警总团连部文书，后任特务长、排长。张琦是黄埔军校第八期学生，曾入南京中央军校十三期受训，毕业后升任连长。全国抗战爆发后，参加了淞沪会战、台儿庄大战。

1941 年，税警总团改编为新编第 38 师。1942 年 4 月，新编第38 师编入中国远征军赴缅甸作战，张琦任第 38 师 113 团副团长。1942 年 4 月 15 日夜，驻缅英军被日军围困在仁安羌北面一带，请求中国远征军派兵驰援。张琦所在的 113 团领受了此项任务，在到达仁安羌后，与日军展开激战，击溃日军拼墙河北岸防线。1942 年 4月 19 日，张琦率部向日军山地工事发起进攻，并亲自到阵地察看地形和进攻路线，结果暴露在日军暗堡火力下，不幸背部中弹牺牲。张琦牺牲后，全团官兵同仇敌忾，攻击日军炮兵阵地，被围英军也由另一面攻击，合作攻下阵地，当天便取得战斗胜利，包括驻缅英军总司令亚历山大在内的 7000 多名英军得以向北越过拼墙河，美国传教士和各国新闻记者及妇女 500 多人一并获救。

英烈已逝，浩气长存。1990 年，张琦被民政部批准为烈士。近年来，英雄出生地湖南祁阳县坚持团结实干、跨越争先，在英烈家乡绘就出一幅改革创新、繁荣发展的新画卷。

杨宏明

"忠魂归荆楚红安山水增光辉"

杨宏明，1910 年出生，湖北黄安（今红安县）人，1929 年加入中国共产党。1928 年参加工农红军，曾任连长、营长、团长等职。参加了中央苏区历次反"围剿"斗争和两万五千里长征。全国抗战爆发后，奉命到华北敌后开展抗日游击战争。1942 年 4 月，在突围中，中弹牺牲，时年 32 岁。

　　深冬时节，位于鄂豫交界大别山环绕中的湖北省红安县二程镇三里岗村富家凹湾，还能看到大片的绿色和田间耕作的农民。背靠富家山，面朝金沙湖国家湿地公园，中共抗战英烈杨宏明的纪念馆就坐落在这里的一片青竹林中。

　　杨宏明，1910 年出生，湖北黄安（今红安县）人，1929 年加入中国共产党。1928 年参加工农红军，曾任连长、营长、团长等职。参加了中央苏区历次反"围剿"斗争和两万五千里长征。

　　全国抗战爆发后，杨宏明奉命到华北敌后开展抗日游击战争。1938 年 1 月任八路军第 129 师补充团副团长。1940 年 6 月任八路军冀南军区第 1 军分区司令员。参加百团大战，战功显著。1941 年秋至 1942 年春，调任冀南军区第 4 军分区司令员。

　　1941 年秋，日军对杨宏明所部驻地一带发动大"扫荡"，杨宏明带领部分战士到邢济路北作战。不久，驻在济南的伪军冯二皮部带领 3 个团，在临西建立了十几个据点。

　　1942 年 4 月，杨宏明奉命率两个团攻打伪军占据的马鸣堂村，在战斗中，他亲临前线指挥，并爬上房顶用机枪扫射敌人，战斗胜利结束，冯二皮部大部被歼，余者溃窜。

　　敌人并不甘心失败，于 4 月 29 日纠集大量兵力向杨宏明部发动围攻。杨宏明准确判断敌情，指挥部队声东击西，沉着应战，经奋力拼杀，成功突围。在突围中，杨宏明中弹牺牲，时年 32 岁。

　　"威名扬燕赵临西城乡留胜迹，忠魂归荆楚红安山水增光辉。"杨宏明纪念馆上的这副挽联，记录着家乡人民对先烈的缅怀之情。纪念馆里，还清晰记载着杨宏明的母亲余细女、大哥杨兴祖等两位烈士的英雄事迹。

　　"像杨宏明一样，村里还有 10 多位烈士。"三里岗村党支部书记杨军德带着记者参观了村民自种的茶园、果园和花木等，"正是在烈士们艰苦奋斗、追求理想的精神指引下，如今的三里岗人通过辛勤劳动，甩掉了'大别山沟贫困村'的帽子。"

洪振海

铁道游击好儿男

洪振海，又名洪衍行，1910年出生，山东滕州人。抗日战争时期，洪振海在党的领导下，发动枣庄路矿工人组建了一支活跃在山东鲁南的枣庄、临城和微山湖一带，威名远扬的人民抗日武装——鲁南铁道大队即铁道游击队，他是第一任大队长。1941年12月的一个风雪之夜，数百名日伪军对鲁南铁道大队进行偷袭、"扫荡"，洪振海率部与敌人激战，不幸中弹，壮烈牺牲。

　　山东枣庄市薛城区临山小学，因铁道游击队纪念园所在地临山而得名，临山小学副校长吴怀国介绍，每年清明节，学校都会组织全校学生去纪念园瞻仰铁道游击队纪念碑，重温入队誓词，在新一代少年心中播撒下爱国主义的种子。

　　洪振海，又名洪衍行，1910 年出生，山东滕州人。自幼随父亲在枣庄路矿谋生，因生活所迫经常与火车打交道，练就了飞登火车的本领，人称"飞毛腿"。抗日战争时期，洪振海在党的领导下，发动枣庄路矿工人组建了一支活跃在山东鲁南的枣庄、临城和微山湖一带，威名远扬的人民抗日武装——鲁南铁道大队即铁道游击队，他是第一任大队长。

　　1938 年 3 月 18 日，枣庄被日军占领。洪振海和王志胜、刘景松一齐奔向峄县人民抗日武装驻地墓山，正式参加了共产党领导的苏鲁人民抗日义勇总队。他抗日决心大，作战勇敢，很快就被提升为班长、排长，成为这支人民抗日武装的基层骨干。

　　同年 10 月，受总队长张光中的派遣，洪振海与王志胜一起潜回枣庄火车站西侧的陈庄，建立了枣庄抗日情报站，担任站长，为部队搜集情报。同年 11 月，按照上级"迅速建立抗日武装"的指示，他发动路矿工人建立了一支数十人的秘密抗日武装——枣庄铁道队。这支精悍的队伍在抗日战争最艰苦的烽火岁月里不断发展壮大，到1940 年上半年，枣庄铁道队已发展为上百人的抗日游击队。后经上级批准，改名为八路军鲁南铁道大队，洪振海任大队长，同时上级派来政委加强领导。

　　在洪振海等领导下，鲁南铁道大队在敌人严密控制的铁路干线、枣庄矿区和微山湖区，紧紧依靠路矿工人和湖区群众的掩护与帮助，采用灵活机动的战术，活跃在千里铁道线上，神出鬼没地打击敌人，他们扒铁轨、炸桥梁，撞火车、截物资，杀鬼子、惩汉奸，护群众、保家乡，像一把锋利的钢刀，插进敌人的动脉血管和胸膛，打得日伪军晕头转向，不得安宁。

敌人对他们既恨又怕，曾悬以重赏捉拿和进行无数次的搜捕、袭击、"扫荡"，但都遭到了失败。鲁南铁道大队越战越勇、越战越强，成为一支威名远扬、威震敌胆的抗日英雄部队。他们的英雄事迹多次在抗日根据地的《大众日报》和《鲁南时报》上刊登。著名长篇小说《铁道游击队》，就是以鲁南铁道大队的英雄事迹为素材创作的，小说中的刘洪大队长，就是以洪振海和他的继任者刘金山为原型塑造的。

1941年12月的一个风雪之夜，数百名日伪军对鲁南铁道大队进行偷袭、"扫荡"，洪振海率部与敌人激战，不幸中弹，壮烈牺牲。此时，中共鲁南铁道大队党支部已通过了洪振海的入党申请。洪振海牺牲后，鲁南军区政治部追认洪振海为中国共产党正式党员。

作为"全国爱国主义教育示范基地"的铁道游击队纪念园，每年来此参观接受教育者近100万人。纪念园管理处主任赵曰标告诉记者，依托铁道游击队传统红色资源优势，为来自全国各地的党员、干部、群众等提供爱国主义教育、党性教育，在该园已经成为一种常态。

郭陆顺

回民支队的好政委

郭陆顺，1914 年出生于湖南浏阳市。1927 年春，郭陆顺参加中国共产主义青年团。马日事变后，加入中国共产党，任浏阳市丰裕乡共青团团委书记。全国抗战爆发后，任第 120 师 359 旅团政治处主任，参加创建晋西北根据地工作。1940 年 8 月，在冀中军区统一指挥下，积极投入到百团大战。1942 年，日伪军对冀中进行大"扫荡"，临近战斗结束时，郭陆顺被敌流弹击中头部牺牲，时年 28 岁。

　　宽阔气派的主干道、人声鼎沸的购物广场、鳞次栉比的商住楼盘、错落有序的企业厂房、往来繁忙的各种车辆……穿行在湖南浏阳市永安镇，宛如置身于一座中等规模的南方县城之中。这里是革命烈士郭陆顺的故乡。

　　郭陆顺，1914 年出生于湖南浏阳市北盛区丰裕乡（现永安镇）一个农民家庭。1926 年北伐军攻入湖南时，革命运动风起云涌，广大农民在中国共产党的领导下，成立农民协会，组织自卫军。郭陆顺参加了农民协会，担任乡儿童团长。

　　1927 年春，郭陆顺参加中国共产主义青年团。马日事变后，国民党反动派大批屠杀共产党员和革命群众。郭陆顺毅然加入中国共产党，任浏阳市丰裕乡共青团团委书记。

　　1929 年冬，郭陆顺参加由张正坤、王震率领的浏阳游击 1 支队，后编入红 6 军团。在湘鄂赣和湘鄂西革命根据地的 5 年中，郭陆顺历任司号员、通讯员、班长、排长、连指导员、营政委。1934 年 10 月，随军转移到湘鄂川黔根据地。1935 年，调到红 2 军团，参加了长征。

　　全国抗战爆发后，郭陆顺任第 120 师 359 旅团政治处主任，参加创建晋西北根据地工作。1939 年，任八路军第 3 纵队回民支队政治委员，与马本斋一起，率部转战冀中平原，回民支队发展到 2500 余人。他们围景和、打淮镇、攻大城，连续作战 27 次，歼敌 500 余人，不断给日军以沉重打击。在冀中军区召开的第 3 次政工会议上，军区授予回民支队 1 面锦旗，上面绣有"打不烂、拖不垮、攻无不克的铁军"13 个大字。

　　1940 年 8 月，在冀中军区统一指挥下，郭陆顺和马本斋率回民支队积极投入到百团大战，破击敌人铁路、公路。11 月中旬，回民支队在八路军一部配合下对深泽县城进行围攻，连续激战 4 个昼夜，两度袭入城内，毙伤敌 100 多人。

1941 年初，日本侵略者对冀中地区采取分割封锁、逐步"蚕食"的政策，实行所谓"军事、政治、经济三位一体的总体战"。马本斋、郭陆顺率回民支队在大清河两岸，开展交通破坏战。同年夏，郭陆顺和马本斋奉命率回民支队回师东进。经过一年多的连续作战，马本斋、郭陆顺领导的这支抗日队伍转战整个冀中，有了很大的发展。

1942 年，日伪军出动 5 万余人对冀中进行大"扫荡"。4 月 27 日，回民支队在献县高官村以东阻击由泊镇向深（县）武（强）饶（阳）增援的敌人，歼敌 300 余人。临近战斗结束时，郭陆顺在阵地前沿用望远镜观察敌情时，被敌流弹击中头部牺牲，时年 28 岁。

郭陆顺牺牲的消息传回回民支队，全体指战员为之恸哭。中华人民共和国成立后，河北省民政厅于 1952 年把郭陆顺的灵柩迁入石家庄"华北军区烈士陵园"，安葬在苍松翠柏丛中。

谢翰文

"把自己锻炼成为党的宣传家"

谢翰文，又名汉文，号鸿锡，1904年出生于耒阳城关的一个富裕家庭。1926年加入中国共产党。先后任耒阳县苏维埃政府特派员、红3军团政治部宣传部部长、抗大政治宣传科科长等职。1942年5月被日军秘密杀害，时年39岁。

深刻研究马列主义原则，不断地创造新的宣传方式与方法，把自己锻炼成为党的宣传家。

——谢翰文

位于湘南地区的革命老区耒阳市，每年会举办数场"红色故事进校园"活动。牺牲在抗日前线的八路军高级将领——谢翰文的革命故事，总是让孩子们"很喜欢、很感动"，有的听得热泪盈眶。

谢翰文，又名汉文，号鸿锡，1904 年出生于耒阳城关的一个富裕家庭。1919 年，谢翰文考入县高等小学。毕业后又以优异成绩考入衡阳新民中学。读书期间，他积极阅读进步书刊，逐渐萌生了"改造社会"的理想。1925 年，谢翰文从新民中学毕业返乡，立即投身于耒阳的革命活动，参加了共青团组织。1926 年加入中国共产党。

1927 年 5 月，长沙发生"马日事变"。谢翰文只身潜入衡耒边界的桐子山地区，开展秘密革命活动。1928 年 2 月，朱德率工农革命军第一师攻占耒阳县城。谢翰文被任命为耒阳县苏维埃政府特派员，负责领导桐子山地区农民起义的武装斗争。3 月，他随朱德向井冈山转移，不久被调到红 4 军第 28 团任书记官。

1929 年后，谢翰文任红 5 军第 4 纵队党代表、红 3 军团秘书长、第 3 师政治委员、红 3 军团政治部宣传部部长，参加了中央革命根据地第一次至第五次反"围剿"。1934 年 10 月，参加中央红军主力长征，途中编写了许多行军快板，鼓舞了部队士气。1935 年 9 月，红一方面军胜利到达哈达铺改编为陕甘支队后，谢翰文被调到西北红军大学担任校务处长。1937 年 1 月，西北红军大学改名为中国人民抗日军政大学。他被任命为学员 13 队队长，后又调校部任政治宣传科科长。

1939 年，庆祝抗大成立 3 周年时，谢翰文负责举办的"抗大成绩展览会"，共陈列出 3000 多种展品，得到毛泽东、朱德等中央领导同志的好评。同年，他被评选为全校先进政治工作者。

1941 年初，谢翰文任八路军总后勤部政治部主任。1942 年 5 月，日军对华北的冀中、太行、太岳、晋西北等抗日根据地进行拉网大"扫荡"，八路军总部决定实行战略转移。在 5 月 25 日的突围中，他和妻子双双被俘。面对日军的严刑拷打，谢翰文坚贞不屈，最后被日军秘密杀害，时年 39 岁。

在谢翰文牺牲前一年，他离开抗大奔赴前线时，在临别赠言中说："深刻研究马列主义原则，不断地创造新的宣传方式与方法，把自己锻炼成为党的宣传家。"这也正是他参加革命、奋斗一生的孜孜追求。

耒阳市委史志办主任谢俊清说，谢翰文是一位能文能武的"党的宣传家"，他信仰坚定、坚持真理，有必胜的信念，永远充满革命乐观主义精神，值得新时代的每一个年轻人学习。

左权

"愿拼热血卫吾华"

左权，1905 年 3 月生，湖南人。1924 年进入黄埔军校一期学习，1925 年加入中国共产党，同年 12 月赴苏联学习。1930 年回国后到中央苏区工作，参加了中央苏区历次反"围剿"作战。全国抗战爆发后，协助朱德、彭德怀指挥八路军开赴华北抗日前线，粉碎日伪军"扫荡"，取得了百团大战、黄崖洞保卫战等战役的胜利。1942 年 5 月，在十字岭战斗中壮烈牺牲，年仅 37 岁。

名将以身殉国家，愿拼热血卫吾华。太行浩气传千古，留得清漳吐血花。

——朱德

在湖南醴陵市，有一条"左权路"贯穿城区。每每走在这条路上，人们不禁会想起已牺牲 70 多年的左权将军。这位中国工农红军和八路军高级指挥员、著名军事家把一生奉献给了祖国，献给了民族解放事业。

左权，1905 年 3 月出身于湖南省醴陵县（今醴陵市）的一个贫苦农民家庭。中学时代参加中共领导的社会研究社，开始接触马克思主义。1924 年进入黄埔军校一期学习，是"青年军人联合会"负责人之一。1925 年加入中国共产党，后在黄埔军校教导团任排长、连长，参加讨伐军阀陈炯明的两次东征。同年 12 月赴苏联学习。在苏联期间，先是在莫斯科中山大学学习，1927 年转入伏龙芝军事学院深造，1930 年回国后到中央苏区工作，先后任中国工农红军学校第 1 分校教育长、新 12 军军长。1931 年 12 月奉命参与联络指导国民党军第 26 路军举行宁都起义。起义部队改编为红五军团后，任红 15 军政治委员，后任军长兼政治委员。1933 年后，任中革军委第一局局长、红一军团参谋长，参加了中央苏区历次反"围剿"作战。

1934 年 10 月，左权参加长征，参与指挥强渡大渡河、攻打腊子口等战斗。1936 年，任红一军团代理军团长，率部西征并参与指挥山城堡战役。

全国抗战爆发后，左权任八路军副参谋长、八路军前方总部参谋长，后兼任八路军第二总队司令员，协助朱德、彭德怀指挥八路军开赴华北抗日前线，粉碎日伪军"扫荡"，取得了百团大战、黄崖洞保卫战等战役的胜利，威震敌后。其高超的指挥艺术、严密细致的参谋业务、扎实的工作作风，深受朱、彭的赞扬。1940 年秋，协助彭德怀指挥著名的百团大战。1941 年 11 月指挥八路军总部特务团进行黄崖洞保卫战，经 8 昼夜激战，以较小的代价歼敌千余人，被中央军委称为 "'反扫荡'的模范战斗"。他还 "是一个有理论修养同时有实践经验的军事家"，从 1939 年至 1941 年，他撰写了《论坚持华北抗战》《埋伏战术》《袭击战术》《战术问题》《论军事思想的原理》等文章 40 余篇。左权为创建并巩固华北抗日根据地，发展壮大人民抗日武装，为八路军的全面建设，建立了不朽的功勋。

1942 年 5 月，日军对太行抗日根据地实行 "铁壁合围" 大 "扫荡"。25 日，左权在山西辽县麻田附近指挥部队掩护中共中央北方局和八路军总部等机关突围转移时，在十字岭战斗中壮烈牺牲，年仅 37 岁。

左权是八路军在抗日战场上牺牲的最高指挥员，延安和太行山根据地为左权举行追悼会。周恩来称他为 "足以为党之模范"，朱德赞誉他是 "中国军事界不可多得的人才"，并赋诗悼念："名将以身殉国家，愿拼热血卫吾华。太行浩气传千古，留得清漳吐血花。" 为纪念左权，晋冀鲁豫边区政府决定将辽县改名为左权县。

左权的英雄事迹可歌可泣，舍生取义的革命精神不断激励着后人。除了 "左权路"，左权将军纪念碑、左权红军小学……左权家乡醴陵通过各种方式寄托人们对他的无限缅怀。

何云

太行山上的"新闻战士"

何云,原名朱士翘,1905年生于浙江省绍兴市上虞县朱巷乡(今上虞区永和镇)。1921年考进杭州师范学校,1930年赴日本早稻田大学读经济系,1931年"九一八事变"发生后,他毅然停学回国,参加抗日救亡工作。1938年,任《新华日报》国际版编辑、华北分馆管理委员会主任(社长)兼总编辑。1942年5月28日,壮烈牺牲,时年37岁。

不要把子弹打光了,留下最后的两颗,一颗打我,一颗打你自己,我们不能当俘虏!

——何云

天然清新的田园景致，魅力迷人的山乡风光，苍松翠柏的红色传承，仁义淳厚的乡风民俗……在浙江省绍兴市上虞区永和镇，欣欣向荣的发展景象扑面而来。这片虞东平原沃土田园与四明山余脉山水造化而成的锦绣之地，也是革命英烈何云的故乡。

何云，原名朱士翘，1905 年生于上虞县朱巷乡（今上虞区永和镇）一个贫苦农民家庭。1921 年考进杭州师范学校，毕业后回乡任教，并投身上虞县农民运动之中。1930 年赴日本早稻田大学读经济系，后转入铁道传习所。1931 年"九一八事变"发生后，他毅然停学回国，参加抗日救亡工作。

1938 年，党中央决定创办《新华日报》，何云被调往汉口参加筹备工作，担任国际版编辑。12 月，《新华日报》华北分馆成立，何云任分馆管理委员会主任（社长）兼总编辑。1939 年元旦，中共中央北方局机关报《新华日报》华北版创刊号诞生。

1940 年 8 月，八路军发动了著名的百团大战。何云随八路军总部和第 129 师刘伯承、邓小平奔赴前线组织战地新闻采访，在火线上编辑、审稿、刻印、发行，以最快的速度把战斗消息传播出去，为鼓舞部队士气，宣传百团大战胜利，发挥了巨大作用。在残酷的对敌斗争中，虽然报馆经常转移，但报纸的出版从未间断。《新华日报》华北版被敌后抗日根据地军民称为"华北人民的聪耳，华北人民的慧眼，华北人民的喉舌"和"华北抗战的向导"。

1942 年 5 月，日军调集重兵，对太行山辽县麻田一带进行"铁壁合围"式的"大扫荡"，企图摧毁八路军总部和《新华日报》华北分馆。何云率领全馆同志坚持工作和战斗。

在危急关头，何云对身边的同志说："不要把子弹打光了，留下最后的两颗，一颗打我，一颗打你自己，我们不能当俘虏！"5月28日黎明，正在大羊角村山坡上隐蔽的何云，不幸背部中弹负重伤，昏倒在地。当被医护人员抢救醒来时，他的第一句话就是："我的伤不很严重，快去抢救倒在那边的同志吧！"当医护人员检视完别的伤员再来看他时，他已经牺牲了，时年37岁。

何云牺牲后，刘伯承沉痛地说："实在可惜啊！一武（指左权）一文（指何云），两员大将，为国捐躯了！"新中国成立后，何云烈士的忠骨移至晋冀鲁豫烈士陵园，安葬在左权将军墓的左侧。

永和镇党委书记朱春兰介绍说，在艰苦卓绝、烽火连天的战争年代，作为上虞县抗日民主政府的诞生地，永和镇一度是上虞县抗战的政治中心，同时作为新四军浙东游击纵队的重要活动据点，留下了一大批革命英烈浴火奋战的印记。对此，永和镇将上虞县抗日民主政府旧址改造成"永和馆"，"红色老区"的红色记忆、英烈遗风，仍然照亮着后人奋进的前程。

戴安澜

马革裹尸的抗战将军

戴安澜，字衍功，自号海鸥，1904 年 11 月 25 日生于芜湖市所辖无为县。1924 年投奔国民革命军。黄埔第 3 期毕业。1926 年参加北伐。1939 年升任国民党第 5 军 200 师师长，12 月参加桂南会战。1942 年 3 月，戴安澜率部赴缅甸参加远征军抗战。在同古保卫战中予敌重创，战斗结束后，戴安澜在撤退过程中遭敌袭击，身负重伤，在缅北距祖国只有 100 多公里之地的茅邦村，壮烈殉国，时年 38 岁。

外侮需人御，将军赋采薇。师称机械化，勇夺虎罴威。浴血东瓜守，驱倭棠吉归。沙场竟殒命，壮志也无违。

——毛泽东

在安徽芜湖市风景优美的赭山上，安葬着中国远征军名将戴安澜将军的遗骨。每年清明前来祭扫的人们都会献上鲜花，表达对英雄烈士的敬仰和追思。

戴安澜，字衍功，自号海鸥，1904 年 11 月 25 日生于芜湖市所辖无为县练溪乡风和戴村（今无为县昆山乡练溪社区）。1924 年投奔国民革命军。黄埔第 3 期毕业。1926 年参加北伐。1933 年参加长城抗战。在 1938 年的鲁南会战中，曾率部在中艾山与日军激战 4 昼夜，因战功卓著，升任 89 师副师长。同年 8 月，参加武汉会战。1939 年升任国民党第 5 军 200 师师长，12 月参加桂南会战。在昆仑关大战中，戴安澜指挥有方，重伤不下火线，击毙日军旅团长中村正雄少将，取得重大胜利。

1942 年 3 月，戴安澜率部赴缅甸参加远征军抗战。同古保卫战打响以后，200 师全体官兵坚守阵地，勇猛还击。虽是孤军作战，后援困难，但师长戴安澜决心誓死抵御到底。他在给夫人的信中写道："余此次奉命固守同古，因上面大计未定，后方联络过远，敌人行动又快，现在孤军奋斗，决心全部牺牲，以报国家养育。为国战死，事极光荣。"他带头立下遗嘱：只要还有一兵一卒，亦需坚守到底。如本师长战死，以副师长代之，副师长战死以参谋长代之。参谋长战死，以某某团长代之。全师各级指挥官纷纷效仿，誓与同古共存亡。敌人的猛烈进攻，造成伤亡猛增，掩体被毁。戴安澜指挥将士利用残垣断壁、炸弹坑继续抵抗。他还采取百米决斗术，等攻击的敌人到达 50 米处时，才从战壕里一跃而出，或用手榴弹集中投掷，或用刺刀进行肉搏。同古保卫战历时 12 天，200 师以高昂的斗志与敌鏖战，以牺牲 800 人的代价，打退了日军 20 多次冲锋，歼灭敌军 4000 多人，俘敌 400 多人，予敌重创，打出了国威。

战斗结束后，戴安澜在撤退过程中遭敌袭击，身负重伤。由于缅北复杂的地形和连绵的阴雨，戴安澜终因缺乏药物医治，伤口化脓溃烂，在缅北距祖国只有 100 多公里之地的茅邦村，壮烈殉国，时年 38 岁。

1942 年 7 月 31 日，戴安澜将军国葬仪式在广西全州香山寺隆重举行，国共两党领导人纷纷书赠挽诗、挽词和挽联。毛泽东题赠了挽词："外侮需人御，将军赋采薇。师称机械化，勇夺虎罴威。浴血东瓜守，驱倭棠吉归。沙场竟殒命，壮志也无违。"周恩来题写了挽词："黄埔之英，民族之雄。"1943 年秋天，戴安澜的灵柩由广西全州迁葬于芜湖故里。1956 年 9 月 21 日，中华人民共和国内务部追认戴安澜将军为革命烈士。为纪念戴安澜将军，芜湖市人民政府于 1979 年重新整修墓地，并树立了石碑。

2009 年 9 月 10 日，在"100 位为新中国成立作出突出贡献的英雄模范人物和 100 位新中国成立以来感动中国人物"评选活动中，戴安澜被评为"100 位为新中国成立作出突出贡献的英雄模范人物"。

王凤山

盘肠奋战的抗日将军

王凤山，1906 年出生于五台县东寨村，青年时期，投笔从戎考入北方军校，毕业后进入军界。1937 年，参加平型关战役的茹越口保卫战，先后任第 69 师 203 旅营长、国民革命军陆军第 34 军 218 旅旅长。1942 年 6 月以身殉国，时年 36 岁。

隆冬时节的五台县东寨村，乡亲们并未"猫冬"，人们聚在村委会商量着来年的打算。2016年整村脱贫后，东寨村每年都有不少新变化，文化活动广场硬化了、引水管道更新了、养牛合作社越来越火红……这里正是英烈王凤山的家乡。

王凤山，1906年出生于五台县东寨村，自幼家境贫寒，村民喜其聪敏，一起掏钱供他上学，考入太原国民师范学校。青年时期，目睹国家衰败、列强入侵，王凤山投笔从戎考入北方军校，毕业后进入军界。

1937年，全面抗战爆发。9月，时任第69师203旅营长的王凤山参加了平型关战役的茹越口保卫战。在主阵地与相邻阵地相继被日军突破，旅长战死的情况下，王凤山依然不肯撤离，率先冲向敌阵，与日军展开肉搏。最后被警卫强行抱着跳下山崖，因有酸枣丛阻挡，才未有大碍。

1941年王凤山升任国民革命军陆军第34军218旅旅长，后转任暂编第45师师长，驻守汾河以南的万泉、荣河、河津一带。汾南地区为粮棉产区，日军进入该地区后，大肆掠夺粮食，到处筑碉堡、修据点、挖战壕、架电网。

1942年6月初，日军在汾南地区屡屡受挫，为挽回战局，集中汾南各县日伪军，形成优势兵力向34军围攻。战斗一开始，34军第43师和第44师均受重挫，军长王乾元负伤返汾北医治，王凤山临危受命代理军长，率45师转战万泉、荣河一带，继续抗敌。

6月，日军千余人、坦克7辆把45师师部及第2团包围在西张瓮村，王凤山率军坚守阵地，与敌人殊死搏斗。战至午后，敌人又增援2000余兵力。

　　在敌众我寡、兵力悬殊的情况下，王凤山沉着指挥，坚不言退，亲率预备队冲上前线与敌近战。战斗中，王凤山臂部受伤，仍坚持指挥，后腹部连中数弹，肠流腹外。他忍痛抱腹，不下火线，以身殉国，时年36岁。

　　为表彰他的功绩，国民政府追晋王凤山为陆军中将。后来，王凤山的事迹被改编为话剧《盘肠英雄王凤山》，在战区广为上演，鼓舞了抗战军民与日军血战到底的决心。

　　1986年，民政部颁发证书，确认王凤山为革命烈士。2014年9月，民政部授予其抗日英烈的荣誉称号。2015年9月3日，在纪念抗战胜利70周年阅兵仪式上，王凤山之子王述志代表英烈子女接受检阅。

常德善

"功勋卓著，业绩永存"

　　常德善，1910 年出生，山东峄县人，早年参加西北军。1929 年，率西北军一个班参加中国工农红军第三军，同年加入中国共产党，历任红军营长、团长等职。在长征中抢渡金沙江时，立下战功。长征到陕北后，任红军第二方面军第二军六师参谋长。1937 年全面抗战爆发后，先后任八路军第 120 师挺进支队队长、冀中军区第三军分区司令员、第八军分区司令员。1942 年 6 月，在与日军的激战中身负重伤，壮烈牺牲，时年 32 岁。

功勋卓著，业绩永存。

——贺龙

在河北冀中烈士陵园纪念馆内，坐落着一尊由我国著名雕塑大师刘开渠亲手雕塑的大理石名人像——冀中军区第八军分区司令员常德善。他牺牲于冀中最残酷的"五一大扫荡"抗日战场上。

常德善，1910年出生，山东峄县人，早年参加西北军。1929年，率西北军一个班参加中国工农红军第三军，同年加入中国共产党，历任红军营长、团长等职。在长征中抢渡金沙江时，常德善率领部队与敌人昼夜血战，掩护主力胜利渡江，立下战功。长征到陕北后，常德善任红军第二方面军第二军六师参谋长。

1937年全面抗战爆发后，9月初，常德善任八路军第120师挺进支队队长，率部向华北抗日前线挺进。1938年随部开赴晋西北抗日前线，同年底挺进冀中地区，与第120师大清河南部队和冀中子弟兵相配合，取得大曹村阻击战、曹家庄伏击战、邢家庄截击战等多次胜利，给日军以沉重打击。特别是著名的河间齐会战斗，歼灭日军700多人，创造了平原作战的光辉战例。

1939年秋，常德善任冀中军区第三军分区司令员。1940年6月，晋察冀军区所辖各军区统一编序，冀中军区第三军分区改为第八军分区，常德善任第八军分区司令员。

当时正值敌人对抗日根据地加紧进行分片"扫荡"。常德善指挥第八军分区所属部队，主动开展反"扫荡"、反"蚕食"斗争，多次打退敌人进攻，保卫了抗日根据地。同时，对冀中新成立的部队进行整训工作，使之向正规化发展。

1942年春，日伪军5万余人对冀中抗日根据地发动"大扫荡"，企图将冀中领导机关和主要部队压缩到饶阳、武强、安平、深县地区。常德善率领冀中第八军分区部队巧妙与敌周旋，不断打击敌人。

1942年6月8日拂晓，第八军分区部队到达河间肃宁公路南的薛村宿营。当时的部署是：日寇合围路南，部队就到路北向外转移；如果敌人合围路北，部队就在路南待机歼敌。

然而，肃宁、献县、饶阳之敌蜂拥而至薛村，与常德善等人率领的部队相遇。战斗打响后，常德善当即指挥部队从薛村向北突围，但由于地形开阔，无处隐蔽、无险可据，日军从两侧迂回拦击，常德善沉着指挥，英勇顽强地与敌作战，但队伍几经冲杀，未能突围出去。激战中常德善身负重伤，壮烈牺牲。

1952年，常德善遗骨于石家庄华北军区烈士陵园安葬。1962年10月，河北省军区为其建立纪念碑，贺龙元帅亲自撰写碑文，赞誉常德善"功勋卓著，业绩永存"。

如今在枣庄市驿城区，当地政府自2009年开始建起了榴园塔山烈士陵园、阴平烈士陵园和峨山军魂园三处烈士陵园，以褒扬先烈，教育后人。每年清明节、烈士纪念日，烈士陵园内会开展公祭烈士活动，让市民表达对革命烈士无限的怀念和敬仰，寄托哀思，铭记革命先烈英雄事迹。

黄君珏

奋战到生命最后一刻的
太行女杰

黄君珏，原名黄维祐，1912年生，湖南湘潭人。1927年加入共产主义青年团，在长沙从事妇女工作，后就读于复旦大学经济系。1930年加入中国共产党，曾参加远东情报局的工作。1935—1937年，由于叛徒出卖，不幸被捕，后被保释出狱。1939年，被派到太行根据地工作。1942年5月，在日军残酷的"大扫荡"中，被日军包围，壮烈牺牲，这一天正是她30岁的生日。

我们决不当俘虏。我有一支枪，三发子弹，起码打死两个鬼子。

——黄君珏

在湖南湘潭市党史馆人物厅内的展壁上，悬挂着革命烈士黄君珏的老照片，照片中的她面容清秀、眼神坚毅。她以身殉国的英勇事迹在家乡依旧广为流传。

黄君珏，原名黄维祐，1912年生，湖南湘潭人。1927年加入共产主义青年团，在长沙从事妇女工作。马日事变后，面对严重的白色恐怖，她离开长沙，只身来到上海，转入上海中学学习，继续从事革命工作。后就读于复旦大学经济系。在校期间，她积极参加抗日救国运动，被选为学生会委员，曾组织领导复旦学生到南京请愿和营救被捕学生的运动，1930年加入中国共产党。

1934年，黄君珏参加了远东情报局的工作。远东情报局是第三国际派驻上海的秘密情报工作机构，主要搜集国民党政府和日本帝国主义的军事、政治、经济、外交等各种情报。黄君珏机智勇敢、胆大心细，工作很有成效，受到情报局领导人的信任和器重。

1935年，由于叛徒出卖，该组织受到破坏。黄君珏机警地掩护另外两名同志脱险后，自己却不幸被捕，被判7年徒刑。1937年全国抗战爆发后，国共两党第二次合作，八路军武汉办事处将黄君珏保释出狱。在党组织安排下，黄君珏回长沙开展抗日救亡工作，领导筹办了一所难民妇女工厂。这一工厂成了流亡妇女的避难所，也为抗日救亡做出了贡献。

1939年，黄君珏被派到太行根据地工作，先后在太行文化教育出版社、华北《新华日报》社任总会计兼管委会秘书主任等职。1942年华北新华书店成立，兼任审计室主任，为华北新华书店起草制定财务管理制度和经济核算制度。为了便于工作，她将出生才三天的独生子送到老乡家寄养，从此孩子再也没有见过自己的母亲。

　　1942年5月，日军对太行山根据地发动残酷的"五月大扫荡"。3万多敌人实行所谓"铁壁合围"战术，用数十架飞机配合，做梳篦式的"扫荡"，妄图消灭太行山根据地。黄君珏和华北新华书店的同志在转移途中与敌遭遇，经过战斗后化整为零，分散隐蔽。

　　在危急时刻，黄君珏对大家说："我们决不当俘虏。我有一支枪，三发子弹，起码打死两个鬼子。"6月2日，又有几个同志被日军发现，全部不幸牺牲。黄君珏和两个女同志隐蔽在辽县庄子岭的一个山洞里，被日军包围。狡猾的敌人不敢进洞搜索，却在洞口架柴放火，浓烟顿时弥漫了整个山洞。危急关头，黄君珏毅然冲出洞口，举枪打死两个敌人，然后飞身跳下悬崖，壮烈牺牲，这一天正是她30岁的生日。

　　湘潭市地方史志研究学者何歌劲说："黄君珏同志以死殉国，宁死不当俘虏，一直战斗到了生命的最后一刻，她是人民的坚强战士，家乡人民的骄傲，她用鲜血书写了'为有牺牲多壮志，敢教日月换新天'的精神。"

张友清

"甘洒热血在疆场"

张友清，1904年出生，陕西神木人。1921年考入太原山西省立第一中学，就读期间开始接触马列主义。1925年考入北平中国大学，年底转为中国共产党党员。曾先后任中共北平市委书记、中共天津市委书记、中共山西省委书记、中共中央北方局统战部部长等。1942年5月，在日军残酷的"大扫荡"中被捕。1942年7月7日，牺牲于太原集中营。

要坚持斗争，要活下去，迎接胜利的到来。

——张友清

在陕西省神木市西五道巷 15 号坐落着一座古朴的清代院落——张氏"能忍堂"，这便是抗日英烈张友清的故居，常常有人慕名前来缅怀这位三次入狱、两度被判死刑的英雄。

张友清，1904 年出生，陕西神木人。1921 年考入太原山西省立第一中学，就读期间开始接触马列主义。1925 年考入北平中国大学，不久，加入共产主义青年团，年底转为中国共产党党员。

1929 年 2 月，张友清任中共北平市委书记。同年 6 月，他在领导全市人力车工人举行"车潮"斗争中被敌探逮捕。1930 年，被判死刑的张友清被营救出狱，是年 10 月调任中共天津市委书记，后又被中共河北省临时省委任命为省委委员。

1931 年 2 月至 7 月，由于白色恐怖严重和叛徒告密，河北省委和天津市委等党的组织受到破坏，一大批党的领导干部先后被捕，张友清也于 1931 年 6 月再次被捕入狱，关押在北平军人反省院（草岚子监狱）。张友清在狱中坚贞不屈，和其他共产党人一起建立了党支部，他担任支部委员，负责青年工作。这次被捕，张友清又一次被判死刑。

1936 年 9 月，张友清经党组织营救出狱。后任中共山西工委书记，积极进行党的组织恢复和发展工作，发动群众开展抗日救亡运动。

1937 年 10 月，张友清任中共山西省委书记。1938 年，中共山西省委改为晋西南区党委，张友清任宣传部长。这期间，他兼任区党委党校副校长，培训大批党员干部，还大力进行统战和武装工作，发展和增强了晋西南区的新军力量。

1939 年，张友清任中共中央北方局统战部部长。1940 年至 1942 年，敌后抗日根据地进入最困难的时期，张友清在北方局主管统战工作，并兼管妇委、青年工作，同时兼任调查研究室主任，有段时间还兼任宣传部长，1942年2月又任八路军前方总部司令部秘书长兼中共中央北方局秘书长。张友清任务繁重，身体瘦弱，常生病，且两条腿因为长期坐监狱、戴铁镣，行走相当困难，在这样的情况下他仍然长期坚持带病工作。

1942年5月，日军对太行根据地进行了残酷的"大扫荡"，北方局机关在转移途中被日军包围，在突围过程中，张友清将自己的马让给一位女同志，在与日军战斗中被捕，被押送到"太原工程队"集中营。

在狱中，张友清受尽敌人摧残。1942年7月7日，张友清牺牲于太原集中营。他在生命的最后一刻，仍然鼓励身边的同志"要坚持斗争，要活下去，迎接胜利的到来"。张友清牺牲后，留下一张照片，上面写着一行刚劲的毛笔字："甘洒热血在疆场"。

"二爷爷是抗日英烈，是民族的脊梁，也是家乡人民的骄傲，我们要将革命先烈的精神代代相传，让红色旗帜更加鲜艳。"张友清的侄孙张永强自豪地说。

林心平

慷慨赴死的秋瑾式女英雄

林心平，原名梁玉。1919年2月出生，浙江平阳人，1936年11月加入中国共产党。1936年8月参加革命，在上海从事地下交通工作。1937年11月赴延安抗日军政大学学习。毕业后，先后在中共中央长江局、中共浙江省金华特委从事统战工作。1941年3月起，林心平任金坛、溧阳、宜兴、武进、丹阳五县抗日联合政府文教科科长。1942年6月不幸被捕，受尽酷刑，坚贞不屈。同年7月，在江苏省金坛县官林小学被日军杀害。

　　英雄已逝，精神永存。每遇清明节等重要节日，浙江平阳各地学校师生都会走进位于水头镇水头一小的"心平园"，去瞻仰牺牲时年仅23岁的抗日女战士——林心平。

　　来到心平园，只见一排桂花树下立着林心平烈士的铜像，总高2.3米，从上至下分为黄铜胸像、青石承台和三级米色花岗岩火烧石底座三部分，底座最下一级前后宽1919毫米，左右长1942毫米，分别代表林心平出生和牺牲的年份，而总高2.3米表明烈士以23岁的花季年华献身于抗日战场。

　　林心平，原名梁玉。1919年2月出生，浙江平阳人，1936年11月加入中国共产党。1936年8月参加革命，在上海从事地下交通工作。全面抗战爆发后，任八路军驻上海办事处机要秘书。1937年11月赴延安抗日军政大学学习。毕业后，先后在中共中央长江局、中共浙江省金华特委从事统战工作。1939年秋任新四军第一支队文工团副团长。同年冬到溧阳新昌协助开辟新区工作。以办夜校的形式，宣传、发动群众，组织贫农小组、妇抗会、青抗团，并发展党员，建立党支部。

　　1941年3月起，林心平任金坛、溧阳、宜兴、武进、丹阳五县抗日联合政府文教科科长。同年夏，国民党保安第9旅投降日军后，进驻长（荡湖）滆（湖）地区，袭击我抗日部队。为扩大抗日武装，分散敌人兵力，党组织决定由她兼任宜兴县官村区区长，负责开辟长滆东南边区的抗日武装斗争。经数月工作，将张河港大河抗日游击区扩展到滆湖南岸的新桥一带。

　　1942年6月林心平不幸被捕，受尽酷刑，坚贞不屈。同年7月，在江苏省金坛县官林小学被日军杀害。遗体被敌人毁尸灭迹，尸骨无存。

瞻仰烈士遗像，水头一小校长黄象春满怀崇敬之情。他说，林心平烈士是一位秋瑾式的女英雄。她的一生虽然短暂，但异彩绽放，是我们水头的骄傲，是平阳的骄傲，也是中国人的骄傲。她的革命精神，将永远激励着我们不忘初心、砥砺前行！

许亨植

白山黑水间的百战英雄

　　许亨植，又名李熙山，朝鲜族，东北抗日联军高级指挥员。1909年出生于朝鲜庆尚北道善山郡。1930年加入中国共产党。不久后在哈尔滨参加反日大游行，被捕入狱。1931年"九一八事变"后，经组织营救出狱，先后任东北反日游击队哈东支队政治指导员、东北人民革命军第3军团长、第3军新编3师师长等。1942年8月，工作后途遇敌人，壮烈牺牲，时年33岁。

在黑龙江省绥化市庆安县大罗镇东山村，一块"许亨植牺牲地"的纪念碑肃然挺立。七十多年前，就在离此处不远的青峰岭，抗日英雄许亨植在战斗中壮烈牺牲。青峰岭上，从此伫立着一座不毁不灭的"青峰"。

许亨植，又名李熙山，朝鲜族，东北抗日联军高级指挥员。1909 年出生于朝鲜庆尚北道善山郡。因其父亲参加的朝鲜反抗日本殖民统治的"义兵运动"失败，1913 年举家被迫流亡中国东北，后迁居辽宁开原。1929 年许亨植来到哈尔滨附近的宾县从事革命活动，他自觉接受党的领导，忠实可靠，多次出色完成任务。1930 年加入中国共产党。不久后在哈尔滨参加反日大游行，被捕入狱。

1931 年"九一八事变"后，许亨植经组织营救出狱，到宾县、汤原、珠河（今尚志）等地发动群众，组织反日游击队。1933 年，许亨植到汤原发动群众，组织反日游击队。他善于做群众工作，经常以普通农民身份和群众一起参加水、旱田生产劳动，还帮忙做帮工、干零活。许亨植和群众建立了密切联系，在群众中扎下了根。

1934 年 6 月，他由地方来到游击队，开始担任东北反日游击队哈东支队政治指导员、第 1 大队大队长，率部参与创建珠河抗日游击区。自 1935 年 1 月起，他先后在东北人民革命军第 3 军任团长、团政治部主任、师政治部主任。他还曾在哈尔滨东部地区指挥高力营子、拉拉屯、五道岗、十八层甸子等战斗，率部参加了 1936 年冬季反"讨伐"作战。1937 年 6 月任东北抗日联军第 9 军政治部主任，在勃利、方正、依兰一带开展抗日游击战。为提高指战员的思想觉悟，增强部队战斗力，他主持开办了 3 期短期训练班，培训了 100 多名骨干，对提高部队军政素质起了重要作用。

1938 年秋，许亨植调任第 3 军新编 3 师师长，对原 3 师和 5 师进行整顿。1939 年任东北抗联第 3 路军总参谋长、第 3 军军长兼第 12 支队政治委员，指挥所部在松嫩平原开展抗日游击战，取得了兰西丰乐镇等战斗的胜利。

1940 年部队遭受严重挫折，但许亨植仍克服重重困难，率小分队坚持战斗。他大力发动群众，建立了许多抗日救国会组织，积蓄了新的抗日力量。1942 年 8 月，许亨植和警卫员到巴(彦)、木(兰)、东(兴)地区一个小分队检查工作后，途遇敌人，经过两个多小时的激烈战斗，终因敌众我寡，许亨植未能成功突围，壮烈牺牲，时年 33 岁。

英烈虽逝，浩气长存。1998 年 10 月，许亨植烈士牺牲地被黑龙江省庆安县政府公布为爱国主义教育基地。如今每年节假日，都有来自全国各地的游客在纪念碑前瞻仰、祭奠英雄。"烈士们用牺牲换来我们今天生活的幸福，这种不屈、坚韧的奉献精神值得我们永远传承。"中国近现代史史料学会副会长王建学说，"我们纪念和缅怀烈士，同时也要重新回顾历史，为烈士精神植入现代符号，以鼓舞我们不断奋斗。"

孔庆同

坚持平原游击战的抗日英雄

孔庆同，1912 年出生，河南光山人，1927 年参加农民赤卫队，1928 年加入中国共产党，先后任冀东抗日联军第 4 总队总队长、冀中第 8 军分区司令员等。1942 年 10 月，在与日伪军的战斗中，中弹牺牲，年仅 30 岁。

在华北军区烈士陵园里，一位抗日英雄长眠于青松翠柏之中，他就是冀中第 8 军分区司令员孔庆同。在华北军区烈士陵园管理处工作 16 年的史料室副主任娄月说："孔庆同烈士牺牲小家，顾全大局，在民族危亡时刻挺身而出，进行艰苦斗争，他的英雄事迹和爱国精神值得每一个人学习。"

孔庆同，1912 年出生，河南光山人，1928 年加入中国共产党。1927 年春，光山县建立中共地下党组织，成立了农民协会，年仅 15 岁的孔庆同参加了农民赤卫队。不久，共产党领导的这支农民武装改编为中国工农红军第 25 军，孔庆同任司号员。

1934 年 11 月，红 25 军遵照中央指示，退出鄂豫皖根据地，进行战略转移。抵达陕北时，孔庆同已经成长为红军营长。

1937 年，孔庆同作为年轻的指挥员，离开延安，到天津中共中央北方局工作。他在冀东丰润县腰带山一带组织党员和农民自卫会，成立冀东第一支抗日武装队伍，任冀东抗日联军第 1 支队支队长。1938 年，第 1 支队扩编为冀东抗日联军第 4 总队，他任总队长，率部打击丰润、遵化两县的日伪军。

1938 年 7 月 8 日，遵化伪军保安队出动 130 多人扑向铁厂。孔庆同闻讯后立即带队抢先到铁厂北边的玉皇庙迎敌，经过约两个小时的激战，将伪军全部打垮，俘获 80 余人，缴枪 80 余支，战马 35 匹，给遵化的日伪军以沉重打击。7 月 9 日，孔庆同等又率部出击，兵不血刃拿下了兴城镇。他通过强大的政治攻势，促使伪满警察所长王生存带手下 40 余人反正。随后，抗联 4 总队再接再厉，平息丰润王官营一带的民团叛乱，扩大抗日影响。当地群众纷纷加入抗日队伍，仅王官营就有 500 多人参加抗联。4 总队在短短几天里就由 400 多人发展到 4000 多人，改编为冀东抗日联军第 1 梯队，辖 4 个总队，孔庆同任梯队长。

1939 年，孔庆同到中共中央晋察冀分局党校学习。1940 年从党校学习毕业，到冀中第 8 军分区任副司令员。在保定一带坚持平原游击战，后任第 8 军分区司令员。

1942 年秋天，冀中第 8 军分区党委召开紧急会议，传达彭德怀关于"以武装斗争为主，坚持平原游击战争"的指示。10 月 20 日，孔庆同带领一个手枪班赶到河间县左庄，对河间县开展抗日斗争作了指示。由于汉奸通风报信，第二天拂晓，部队驻地被数倍于己的日伪军包围。在战斗中，孔庆同中弹牺牲，年仅 30 岁。

2014 年，民政部公布第一批 300 名著名抗日英烈和英雄群体名录，孔庆同名列其中。每年清明节，孔庆同烈士的孙女孔凤霞都会到华北军区烈士陵园为祖父扫墓。2015 年，孔凤霞曾陪父亲孔久龄到河南省光山县寻亲。"我到光山寻亲，发现革命老区的红色教育没丢，让我最感动的是，时隔多年，故乡的乡亲们没有忘记爷爷。"孔凤霞说，"现在我也有孙辈了，我就教育自己的孩子，爷爷传下来的精神一定不能丢。"

马石山十勇士
舍身相救上千群众

　　1942年11月，敌后抗战处在最困难时期，日军对山东抗日根据地频繁"扫荡"。数千名群众和八路军数支小分队被围困于马石山区。八路军胶东军区5旅13团7连6班王殿元、赵亭茂、王文礼、李贵、杨德培、李武斋、官子藩和三位没有留下姓名的战士，在没有上级命令的情况下，三次闯入日寇包围圈，帮助群众突围。为了给群众争取更多的转移时间，十位勇士吸引敌人火力，全部壮烈牺牲。图为山东乳山马石山十勇士纪念馆里的十勇士雕像。

走进山东乳山马石山十勇士纪念馆，迎面可见 10 名战士的雕像，他们手持长枪、身背大刀，眼神坚毅，诉说着党和军队以命相救、与人民群众生死与共的英雄壮举。

1942 年，敌后抗战处在最困难时期，日军对山东抗日根据地频繁 "扫荡"。11 月 8 日，冈村宁次亲抵烟台部署，不久出动日伪军 20000 人，以 26 艘舰艇、10 架飞机配合，对胶东抗日根据地进行拉网合围式大 "扫荡"，妄图一举消灭胶东八路军主力和党政军机关。大 "扫荡" 历时 40 多天，马石山是一个重要的合围点。

当时，胶东军区主力部队和地方武装只有 1.4 万人，从兵力、装备对比上明显处于劣势。马石山附近的党政军机关、兵工厂、医院和数千名群众，巧妙地突破包围圈，大部分突围出去。丧心病狂的日军便把魔爪伸向手无寸铁的群众，制造了惨绝人寰的 "马石山惨案"。

11 月 23 日傍晚，数千名群众和八路军数支小分队被围困于马石山区。日军在山下燃起层层火堆，密布岗哨。八路军胶东军区 5 旅 13 团 7 连 6 班 10 名战士，执行完任务路过马石山，看到群众身陷绝境，在没有上级命令的情况下，毅然决定留下来帮助群众突围。

那天傍晚，班长王殿元先与部分群众研究突围路线，并安慰群众不要惊恐、听从指挥。经过侦察，他们决定利用敌人包围圈大、兵力较疏且敌明我暗、我军善于夜行等有利条件实行突围。深夜，王殿元和战士们把第一批群众分成两队，顺着山沟向预定突围的沟口转移。趁火堆旁的日伪军人困马乏，王殿元带领 3 名战士悄悄干掉哨兵，扑灭火堆，护送 200 多名群众顺利突围。

第二次进入日寇包围圈，十勇士又找到海阳县 100 多名群众。当得知还有大批群众被困后，王殿元决定把 9 名战士分成 3 组，自己带一组战士，打通一处新的突破口，引导海阳县群众就近跳出包围圈；另两组战士收拢零散群众，把他们从突破口送出后，再次返回，继续解救被困群众。

第三次闯入日寇包围圈后，东方天空已经发白，敌人发现异常后，立刻鸣枪赶来。一名战士不幸牺牲，王殿元、王文礼受了伤，敌人也被暂时打退。正准备撤离时，听说还有百姓被围困在西南山沟，王殿元带着8名战士毫不犹豫奔了过去。此时，山下布满了密密麻麻的日伪军，四处不时响起枪炮声。战士们带领群众沿小山沟转移，突然与20多个鬼子迎面遭遇，战士们的子弹已所剩无几，身体也极度疲惫，但为了给群众争取更多的转移时间，几名战士仍端起刺刀向相反的方向吸引敌人火力，且战且退，最终登上了马石山峰顶。

24日上午，他们依托几处天然岩石顽强战斗，打退了日伪军多次进攻，几名战士牺牲。最后，王殿元和两名战士抱在一起拉响了最后一颗手榴弹，与冲上来的敌人同归于尽。

人民永远不会忘记他们的名字：王殿元、赵亭茂、王文礼、李贵、杨德培、李武斋、宫子藩，还有三位战士没有留下姓名。

1972年，乳山县在马石山主峰修建烈士陵园，建起"抗日烈士纪念堂"。2015年8月15日，威海马石山红色教育基地揭牌并正式对外开放，成为胶东（威海）党性教育基地的重要教学点，年接待参观团队600余批次、参观人员近20万人次。2015年，"马石山十勇士"旗帜作为抗战胜利70周年大阅兵第一个英模方队的旗帜，在天安门前接受了祖国和人民的检阅。

易良品

创新游击战的"夜老虎"

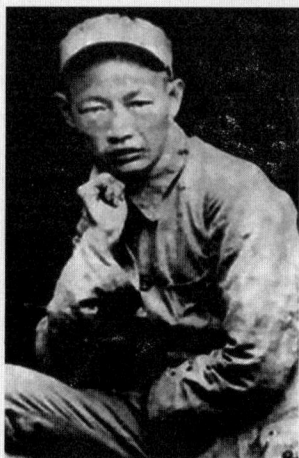

易良品，1914年9月出生在湖北省麻城县万义乡（今乘马岗镇）易家畈村，经老师王树声介绍加入中国共产党。1928年，易良品参加中国工农红军，并参加了红军长征。因善于夜战，被称为"夜老虎"。1943年3月，易良品参加完政工会议后，在枣南县杨庄宿营时被敌人包围，突围时中弹负伤。3月25日，因伤势恶化牺牲，年仅29岁。

农历春节，湖北省麻城市乘马岗镇红星社区，一派热闹祥和气氛。许多农民家门前挂满了腌肉腌鱼，还有的农民正在家中炸圆子、做鱼面，准备年夜饭，一阵阵鲜香萦绕在这个大别山区的小山村。村前的大别山旅游公路上，一辆辆小轿车急驰而过，载满外出返乡过年的务工村民……这里便是中共抗战英烈易良品的家乡。

易良品，1914 年 9 月出生在湖北省麻城县万义乡（今乘马岗镇）易家畈村。幼年在本村读私塾，高小毕业后，考入长沙市第三师范学校。他思想进步，求知欲强，经常接近进步老师和学生，不久即加入中国共产主义青年团，后经老师王树声介绍加入中国共产党，先后在邱家畈、易家畈小学任教。

1928 年，易良品参加中国工农红军，历任班长、排长、连长、营长、团长、副师长等职。参加了红军长征。因善于夜战，被称为"夜老虎"。

1937 年全国性抗日战争爆发后，易良品先后任八路军第 129 师 386 旅 772 团营长、团长。后到延安抗大学习，毕业后，到 129 师随营学校任校长。1940 年 5 月，冀南军区将冀南地区部队主力统一编成 4 个野战旅，易良品任新 7 旅旅长。他所领导的新 7 旅 3 个主力团，在华北敌后主战场上，转战各地，顽强拼搏，威震敌胆，屡立战功，成为冀南平原抗战的主力之一。1941 年 2 月，冀南军区新组建了第 6 军分区，他兼任分区司令员。1942 年，敌人反复进行"扫荡"，使我根据地遭受严重的摧残。他率领新 7 旅 3 个团和直属大队以及骑兵团部队，同敌人进行了殊死搏斗，经受住了严酷的考验。同年 6 月，新 7 旅与第 6 军分区合并，他任第 6 分区司令员。

1943 年 3 月，易良品参加完在冀县刘庄召开的政工会议后，在枣南县杨庄宿营时被敌人包围，突围时中弹负伤。3 月 25 日，因伤势恶化牺牲，年仅 29 岁。

《新华日报》华北版 4 月 12 日报道了易良品牺牲的不幸消息，并对他的抗日事迹进行了宣传。1949 年 11 月，易良品烈士的忠骨被移葬于晋冀鲁豫烈士陵园。2014 年 9 月，易良品被收入党中央、国务院批准的第一批 300 名著名抗日英烈和英雄群体名录。

为了弘扬革命烈士的英雄精神，麻城市 2015 年在红星社区后山上建设了大别山红星英烈园。背靠鲇鱼寨山，面朝正冲水库，1200 多名乘马岗籍烈士长眠于此。

"英烈们守护着家乡的父老乡亲，见证着家乡的振兴发展。"红星社区党支部书记易家志告诉记者，如今的红星社区已成为远近闻名的"美丽乡村"，2016 年已整体脱贫。

李竹如

宣传新闻战线杰出组织者
和活动家

李竹如，1905年1月生于山东省利津县庄科村。1927年加入中国共产党。1931年"九一八事变"后，任南京中央大学中共地下支部书记，参与领导中央大学师生和南京各校师生的抗日救亡运动。1937年在山西创办《中国人报》，后任华北《新华日报》副总编辑。1942年冬，日军对山东根据地进行第二次大规模"扫荡"，在突围战斗中，李竹如壮烈牺牲。时年37岁。

一张报纸胜过一发炮弹。

——李竹如

在山东省东营市利津县总工会院内，立有一尊坐南朝北的铜像，红色的花岗岩底座上，徐向前题词的"李竹如烈士"格外醒目。

李竹如，1905年1月生于山东省利津县庄科村。1922年后，在惠民第四中学、南京东南大学附中、济南正谊中学读书。1927年加入中国共产党。1931年"九一八事变"后，任南京中央大学中共地下支部书记，参与领导中央大学师生和南京各校师生的抗日救亡运动。

在国民党反动当局追捕下，李竹如被迫回到山东，先后在济南、平原乡师任教，秘密发展党员，培养出一大批革命青年，并在济南创办《新亚日报》，宣传抗日救亡。1936年，李竹如到上海，参与创办《文化报》，经常用大量篇幅揭露日本帝国主义的侵略阴谋。当沈钧儒等救国会"七君子"被捕后，他不顾国民党当局的恐吓，在《文化报》上连续报道和发表文章，声援"七君子"。

1937年全国抗战爆发后，李竹如率领一批革命知识分子奔赴延安，途中留在山西创办《中国人报》，后任华北《新华日报》副总编辑。1939年5月随徐向前、朱瑞率领的八路军第1纵队进入山东敌后，先后任第1纵队民运部长，中共山东分局民运部长、宣传部长、政府工作部长，山东省参议会秘书长，山东省战时工作推行委员会（省政府）秘书长，并兼山东《大众日报》社长、新华社山东分社社长、中国青年记者学会山东分会理事长、山东省文协会长等职。他经常说"一张报纸胜过一发炮弹"，在1939年至1942年的《大众日报》上，登载了许多李竹如署名的文章，不少重要社论、评论，也是由他执笔写的。李竹如非常关心报社编辑、记者的思想和政策水平的提高，经常给大家做学习辅导，他领导下的《大众日报》社，培养了一大批优秀新闻工作者。在山东抗日根据地，李竹如身兼数职，为根据地的民主政权建设做出很多贡献。

1942年冬，日军对山东根据地进行第二次大规模"扫荡"。11月2日，8000余敌人将山东军区和政府机关包围在对崮山上。在突围战斗中，李竹如壮烈牺牲。时年37岁。

徐向前亲笔题词称赞"李竹如同志是我党宣传新闻战线上一位杰出的组织者和活动家"。

如今，李竹如的家乡利津街道庄科村发生了翻天覆地的变化，规划建起了庄科社区，社区配套建设幼儿园、卫生院、植物园、居家养老中心等。"过上小康生活的家乡人民，更加怀念为革命献身的李竹如烈士，珍惜来之不易的幸福生活。"庄科村党支部书记李利说。

陆升勋

"红色大陆" 育英豪

  陆升勋，1907 年 10 月生于山东省昌邑县卜庄镇大陆村。1936 年加入中国共产党。1941 年 10 月，陆升勋被选派到山东分局高级党校学习。1942 年 5 月学习期满后，任沂蒙专署专员，领导沂蒙山区人民群众坚壁清野，开展反"蚕食"、反"扫荡"斗争。同年 12 月调任胶东军区副司令员，12 月 8 日进入莱阳县孙家夼，被日伪军包围，在突围中不幸壮烈牺牲，时年 35 岁。

2018 年 9 月 23 日，山东省潍坊市昌邑卜庄镇举办"第二届卜庄镇大陆村梨枣节"，以庆祝首届中国农民丰收节。作为有名的梨枣之乡，卜庄镇大陆村也被叫作"红色大陆"，抗日英豪陆升勋即出生于此。

陆升勋，1907 年 10 月生于山东省昌邑县卜庄镇大陆村。1924 年考入青州山东省立第四师范学校，毕业后回本村任教。在大革命高潮中，他在本村群众中大力开展宣传活动，成立农民协会，拥护北伐革命军。大革命失败后，在本村创办农民夜校。1928 年 5 月 3 日，济南惨案发生后，他带领农民夜校学员，到集市散发传单，抗议日本帝国主义的滔天罪行。后经中共地下党员介绍到邹平乡村建设研究院学习。1936 年加入中国共产党。

全国抗战爆发后，陆升勋受党组织派遣，回到昌邑，为组织抗日武装做准备工作。1936 年底，他带着组织起来的百多人的抗日武装，参加了中共鲁东工委领导发动的潍北抗日武装起义，成立了八路军鲁东游击第 7 支队，任第 7 支队特务大队大队长。

1938 年 12 月，八路军山东纵队成立，陆升勋任纵队特务团团长。1939 年 9 月，任山东纵队第 1 支队后方司令员。1940 年 9 月，山东纵队第 1 支队后方司令部改编为山东纵队沂蒙支队，陆升勋任支队副司令员。不久，任鲁中第 2 军分区司令员。1941 年 10 月，陆升勋被选派到山东分局高级党校学习。1942 年 5 月学习期满后，任沂蒙专署专员，领导沂蒙山区人民群众坚壁清野，开展反"蚕食"、反"扫荡"斗争。同年 12 月调任胶东军区副司令员，率百余人从新泰出发，穿越胶济铁路到博兴，继续东进到招南。12 月 8 日进入莱阳县孙家夼，被日伪军包围，指挥干部和护送队与敌激战，在突围中不幸壮烈牺牲，时年 35 岁。

陆升勋的孙子陆松君，提起爷爷时说："爷爷为了反抗日本帝国主义侵略，为了建立新中国，付出了宝贵的生命，是值得的。他是我学习的榜样！我一直教育子女要爱国，要好好工作，多为国家做贡献。作为烈士后人，我有责任、有义务把红色基因和优良家风传承好！"

如今的卜庄镇大陆村，规划整齐、环境整洁，是"全国文明村"。现有梨枣种植面积3000多亩，年产梨枣1500万斤，实现产值4000余万元。大陆村党支部书记、村主任陆运泽说，我们要继续发扬陆升勋等革命先烈的优良传统，爱党爱国，团结奋进，走出一条有特色的乡村振兴之路。

彭雄

为国献身的"白马将军"

彭雄，原名彭文灿，1915年出生在永新县高桥楼镇大元村。1929年参加红军，并加入中国共产主义青年团。1932年加入中国共产党。参加了中央革命根据地历次反"围剿"和长征。1943年3月17日，在小沙东海面与日军巡逻艇遭遇，在战斗中不幸中弹，壮烈牺牲，时年29岁。

彭雄、田守尧两同志，均为我军优秀的青年高级指挥员，对党忠实，作战坚决勇敢，战争与工作经验均极丰富。此次于海上遇敌，奋勇指挥作战，壮烈牺牲，真是重大损失。

——黄克诚

　　走进江西省永新县革命烈士纪念馆，在抗日战争时期陈列区，悬挂着著名抗日英烈彭雄的画像，画像中的彭雄身着军装，面容清秀、眼神刚毅。每当清明节、烈士纪念日，当地都会组织中小学生来到革命烈士纪念馆，缅怀这位为国捐躯的革命先烈。

　　彭雄，原名彭文灿，1915年出生在永新县高桥楼镇大元村。1929年参加红军，并加入中国共产主义青年团。1932年加入中国共产党。曾任红军班长、排长、连长、营长。参加了中央革命根据地历次反"围剿"和长征。到达陕北后，任红1军团第4师参谋长。

　　1937年全国性抗日战争爆发后，彭雄任八路军第115师第343旅第686团参谋长，率部参加平型关战斗。后任八路军路东支队司令员、鲁西军区副司令员、黄河支队司令员等职。

　　1941年5月，彭雄任新四军第3师参谋长。他非常注重提高军队的军事素质，在严格练兵的同时，还组织指战员学习、研究军事理论。第3师还成立军事研究编辑委员会，专门收集有关战争、战备、战术等军事书籍，编成军事丛书，由参谋处陆续刊出，作为干部学习的教材。1941年9月，第3师编写的第一本军事丛书《抗日民族革命战争的战略问题》出版，彭雄在序言中，要求大家把军事理论与革命战争实践紧密结合，他批评只追求理论、不顾实践的人是"空中洋楼"，而那种只会"三冲两冲打几下的人是蛮干，是狭隘经验论"。

　　1943年春，彭雄与第3师第8旅旅长田守尧等赴延安学习。3月16日，他们乘帆船从苏北盐河口出发，计划沿黄海绕过日军严密封锁的连云港，经山东去延安。17日，在小沙东海面与日军巡逻艇遭遇。敌艇用机枪、步枪扫射，一再企图靠拢。彭雄指挥干部战士用驳壳枪、手榴弹英勇抗击，三次击退敌艇。在战斗中不幸中弹，壮烈牺牲，时年29岁。

彭雄、田守尧牺牲的消息传到延安，《解放日报》发表了题为《新四军某师参谋长彭雄、旅长田守尧同志壮烈殉国》的报道。彭雄牺牲后，其遗体安葬在江苏省赣榆县抗日山烈士陵园。

1943年9月，苏北军民为彭雄、田守尧等举行追悼会。在追悼会上，黄克诚沉痛地说："彭雄、田守尧两同志，均为我军优秀的青年高级指挥员，对党忠实，作战坚决勇敢，战争与工作经验均极丰富。此次于海上遇敌，奋勇指挥作战，壮烈牺牲，真是重大损失。"

"彭雄烈士生于永新，为了抗日救国，壮烈牺牲在苏北赣榆。他身先士卒、顽强作战、敢于牺牲的革命精神永垂青史。"永新县委史志办主任贺兰萍说。

"刘老庄连"

生命不息、战斗不止的英雄连队

　　新四军第3师第7旅第19团第4连是一支战功卓著的英雄连队。1943年春，侵华日军对江苏北部淮海抗日根据地进行大规模残酷"扫荡"，而4连官兵在强敌面前，坚定沉着，不惧牺牲，浴血奋战，连续打退日伪军5次进攻，毙伤日伪军百余人，终因寡不敌众，全连弹尽粮绝，全部壮烈牺牲。

　　全连八十二人全部殉国的淮北刘老庄战斗……无一不是我军指战员的英雄主义的最高表现。

　　　　　　　　——朱德《八路军新四军的英雄主义》

岁末年初，在"刘老庄连"连史馆，陆军第82集团军某旅上士吕康存面对布满弹孔的连旗、被折弯的步枪，想到76年前82位勇士抗敌三千、以少胜多的英雄事迹，禁不住心潮汹涌。

新四军第3师第7旅第19团第4连是一支战功卓著的英雄连队。连长白思才，江西人，16岁加入红军，参加了长征，全国抗战初期参加了平型关战役，是一位英勇善战的指挥员。政治指导员李云鹏，江苏沛县人，青年学生出身，曾在延安抗日军政大学学习，是一位久经战火考验的政工干部。该连班排长和战士大多数是全国性抗日战争爆发后参军的贫苦农民，政治素质好，在长期的对敌斗争中培养了顽强的战斗作风、坚定的战斗意志和纯熟的战斗技巧。

1943年春，侵华日军对江苏北部淮海抗日根据地进行大规模残酷"扫荡"。3月17日，日伪军1000余人，分兵合围驻六塘河北岸的淮海区党政领导机关。4连在连长白思才、指导员李云鹏的率领下，奋勇阻击各路敌人，掩护淮海区党政机关安全转移。是日，日伪军进行第二次合围，4连与日伪军在淮阳北老张集、朱杜庄一带遭遇。激战半日，于黄昏后再次突围，转移至老张集西北的刘老庄地区。18日晨，日伪军进行第三次合围，4连奉命组织防御，全连82人凭借村前交通沟，英勇抗击日伪军攻击，使主力部队和党政机关安全转移，全连却陷入日伪军重围。

虽经数次突围，均未成功，4连决心固守。连部通信员在火线入党申请书中写道："在党最需要的时候，我将把自己的生命献给党和人民，决不给我们党丢脸，决不给中华民族丢脸！"日伪军集中炮火对4连阵地进行了毁灭性炮击，并以大队骑兵实施冲击。4连官兵在强敌面前，坚定沉着，不惧牺牲，浴血奋战，连续打退日伪军5次进攻，毙伤日伪军百余人，苦战至黄昏，终因寡不敌众，全连弹尽粮绝，全部壮烈牺牲。

新四军第 3 师第 7 旅为表彰 4 连的英雄壮举，命名 4 连为"刘老庄连"。朱德总司令在《八路军新四军的英雄主义》一文中对 82 位烈士做出了很高评价："全连八十二人全部殉国的淮北刘老庄战斗……无一不是我军指战员的英雄主义的最高表现。"新四军代理军长陈毅在《新四军在华中》一文中指出："烈士们殉国牺牲之忠勇精神，固可以垂式范而励来兹。"时任新四军第 3 师副师长的张爱萍将军在八十二烈士的墓碑上题下"八二烈士，抗敌三千，以少胜多，美名万古传"的颂扬诗句。

"我愿意像八十二勇士一样，在祖国需要的时候，献出自己的青春和生命。"76 年后，从小在刘老庄长大、立志要做八十二勇士接班人的吕康存许下庄严承诺。

"刘老庄连"的一代代接班人把八十二勇士生命不息、战斗不止的红色基因融到骨子里、浸在血液中、刻在心尖上，沿着烈士的光辉足迹，勇往直前，向着建设现代化新型陆军的目标奋进。

田守尧

少年从军　英年捐躯

　　田守尧，原名田作龙，1915 年生于安徽省六安县新安集（今六安市裕安区新安镇）田家墩一个佃农家庭。1932 年编入中国工农红军第 25 军，并加入中国共产党。1941 年皖南事变后，率部在盐阜地区开展游击战争，成功地指挥了郑潭口和响水口战斗。1943 年 3 月 17 日，在赣榆县九里乡小沙东海面与日军巡逻艇遭遇，腿部负伤后仍顽强坚持战斗。最后壮烈牺牲，年仅 28 岁。

　　彭雄、田守尧两同志，均为我军优秀的青年高级指挥员，对党忠实，作战坚决勇敢，战争与工作经验均极丰富。此次于海上遇敌，奋勇指挥作战，壮烈牺牲，真是重大损失。

——黄克诚

在江苏省连云港市赣榆区王洪村的抗日山烈士陵园里，小沙东海战烈士冢威严肃穆，田守尧烈士就安葬在这里。"国难当头奋起身，号令一声赴天际。东海之滨战日寇，田陈夫妇壮烈逝。投笔从戎赴国难，皖南磨练负重担。平型关前创奇功，夫妇牺牲忠心丹。"这是 83 岁的陈学文在 2014 年来烈士陵园拜祭姐姐陈洛涟、姐夫田守尧时写下的诗。

田守尧，原名田作龙，1915 年生于安徽省六安县新安集（今六安市裕安区新安镇）田家墩一个佃农家庭。1930 年 4 月，加入六安八区四乡少年先锋队，次年参加六安河西农民暴动。1932 年编入中国工农红军第 25 军，并加入中国共产党，曾任红 25 军交通队政治指导员。1934 年 11 月参加长征，进入陕南，参加庾家河战斗，后任第 225 团营长。1935 年 4 月被选为中共鄂豫陕省委常委，参加创建鄂豫陕苏区的斗争。到达陕北后任红 15 军团第 78 师师长，先后率部参加劳山、榆林桥、直罗镇、东征、西征等战役。西征回师途中，他抓住战机，指挥部队攻克安边、盐池两县城，受到彭德怀的嘉奖。

1937 年全国性抗日战争爆发后，田守尧任八路军第 115 师第 344 旅第 687 团副团长，参加平型关战斗，负伤后仍躺在担架上指挥战斗。1938 年春，任第 687 团团长，参加晋东南反"九路围攻"，在张店阻击战中，指挥部队勇猛善战，出色地完成了阻击任务。

1939 年后，田守尧任第 344 旅副旅长、八路军第 2 纵队新编第 2 旅旅长、第 5 纵队第 2 支队司令员。1940 年奉命率部南下华中支援新四军，参与创建苏北抗日根据地。

1941 年皖南事变后，田守尧任新四军第 3 师第 8 旅旅长，率部在盐阜地区开展游击战争，多次进行打击海盗、土匪、伪军和封建会道门的战斗，成功地指挥了郑潭口和响水口战斗，表现出一个高级指挥员的优良素质。在艰苦的斗争环境中，他善于团结干部和密切联系群众，重视开展思想政治工作。

1943 年初，田守尧与新四军第 3 师参谋长彭雄等一批团以上干部赴延安学习。3 月 17 日，在赣榆县九里乡小沙东海面与日军巡逻艇遭遇，与敌展开激战，腿部负伤后仍顽强坚持战斗。彭雄牺牲后，他果断指挥大家涉水上岸，并以重伤之躯为同志们开路，最后壮烈牺牲，年仅 28 岁。

1943 年 9 月，苏北军民为彭雄、田守尧等举行追悼会。在追悼会上，黄克诚沉痛地说："彭雄、田守尧两同志，均为我军优秀的青年高级指挥员，对党忠实，作战坚决勇敢，战争与工作经验均极丰富。此次于海上遇敌，奋勇指挥作战，壮烈牺牲，真是重大损失。"

高捷成

晋冀鲁豫边区金融事业的奠基人

　　高捷成，1909年9月出生，福建漳州人。青年时期就投身革命。1932年4月，高捷成参加中国工农红军，后在瑞金加入中国共产党。他充分运用金融知识，积极协助毛泽民筹划苏区经济工作及苏维埃国家银行的货币发行工作，首创全军会计工作制度。1943年5月14日，高捷成在河北省内邱县白鹿角村遭遇日军，在突围中为解救战友、保护机密文件而壮烈牺牲。

在福建漳州，一个英烈的姓名历经70多年的风风雨雨，依旧被传颂。他就是我党金融事业的奠基人之一——高捷成。

高捷成，1909年9月出生，福建漳州人。青年时期就投身革命。1926年，国民革命军攻打漳州，他参加了反帝大同盟。大革命失败后，他离开国民党军队。1928年，他考入厦门大学攻读经济学，未毕业即赴上海中南银行就职。不久又回到漳州，在百川银庄任出纳。

1932年4月，高捷成参加中国工农红军，后在瑞金加入中国共产党。历任宣传队长、总务处长、会计、组织科长。他充分运用金融知识，积极协助毛泽民筹划苏区经济工作及苏维埃国家银行的货币发行工作，首创全军会计工作制度。

1934年10月，高捷成参加长征，随中央红军到达陕北后，进入红军大学第一期学习。全国性抗日战争爆发后，他随八路军第129师赴华北敌后开辟晋冀鲁豫抗日根据地，任冀南税务总局局长、晋冀鲁豫财经处处长，开创了冀南与太行区财经工作之典范。

为了应对敌人的金融战，发展根据地经济建设，八路军总部和中共中央北方局做出决定，筹建冀南银行，并责成高捷成担当此重任。1939年10月，冀南银行成立，高捷成任总行行长兼政治委员。冀南银行发行钞票，标志着晋冀鲁豫边区军民揭开了与敌金融战的序幕。在他的带领宣传下，冀钞很快在市场站住了脚，在人民心中扎下了根，被誉为"抗日货币"。他还提出了旨在加强根据地物质基础，共同应对外币，巩固抗币信用，调剂和增加抗日军民供给，巩固根据地经济基础的五行（晋察冀银行、陕甘宁银行、山东北海银行、晋西北农民银行、冀南银行）通汇战略性计划。

1943年5月14日，高捷成在河北省内邱县白鹿角村遭遇日军，在突围中为解救战友、保护机密文件而壮烈牺牲。

　　高捷成的孙子高庆麟说："为了革命、为了民族的解放、为了崇高的信仰，祖父舍小家为大家，肩负起共产党人的责任、肩负起历史赋予的神圣使命，为了党和人民的解放事业，无怨无悔、勇往直前。"

　　"这些年来，我带着儿子，多次来到祖父生活战斗过的太行山，追寻他的战斗足迹，感受他身上的红色之魂，既是对他的一种缅怀，更是希望后世子孙将祖父留给我们的宝贵精神财富代代传承下去。"高庆麟说。

曾仁文

宁死不当俘虏

曾仁文，1906年12月生于江西省吉水县八都镇兰花村。1942年春，曾仁文任八路军总部后勤部参谋主任，成为后勤部部长杨立三的好助手。1943年5月，为掩护杨立三和后勤机关转移，曾仁文在山西和顺指挥部队阻击日军。在打退敌人多次进攻后，因弹药耗尽，曾仁文和十几名战士跳下悬崖，英勇牺牲，时年37岁。

在江西省吉水县八都镇兰花村的祠堂里，珍藏着一份曾仁文同志的烈士证明书。在兰花村，至今还流传着他决绝舍身、从容就义的英雄故事，每当村里人翻开曾氏族谱，总会告诫子孙后辈们要像曾仁文一样用生命报效祖国。

曾仁文，1906 年 12 月生于江西省吉水县八都镇兰花村。1918 年秋，入本村私塾读书；1922 年，入县八都镇高小学堂。1927 年，曾仁文投身于农民运动。同年加入中国共产主义青年团。1929 年冬，参与领导吉水县仁寿区的农民暴动，任少共仁寿区委书记。1930 年 10 月，任少共吉安县委书记。1932 年，加入中国共产党。1933 年后，任赣江游击总队政治委员、江西省军区独立 13 团政治委员、红八军团第 23 师团政治委员，参加了中央革命根据地历次反"围剿"。

1934 年 10 月，曾仁文参加了中央红军长征。遵义会议后，任中革军委收容队政治委员。红军到达陕北后，曾仁文先后任红一方面军保卫局侦察组长、援西军保卫部长等职。

1937 年全国性抗日战争爆发后，曾仁文任八路军兵站部大宁兵站特派员。同年 12 月，任八路军驻太原办事处政治部保卫科长。1939 年春，任八路军兵站部第 2 办事处政治委员，后兼任办事处主任，领导从河南渑池至山西壶关的 8 个兵站的工作。

1940 年秋，为开辟新的交通线，晋中支队（即同蒲兵站）成立。任支队长兼政委的曾仁文，很快把晋中支队培养成了一支能打善战又会做群众工作的特殊队伍。这支特殊队伍除安全掩护过往领导和军需物资转送外，还多次组织小分队、武工队出击日伪军，援助友邻部队。

1942 年春，曾仁文任八路军总部后勤部参谋主任，成为后勤部部长杨立三的好助手。当时环境恶劣，日军经常进山"扫荡"，筹措后勤物资十分困难。如何使储存的物资不被敌人搜去，成了一项重要的任务。为此，他走遍驻地附近每条山沟，勘察地形，选择洞库地址，然后组织战士夜间施工，再加以伪装。日军数次进山搜查，均一无所获。

1943 年 5 月，为掩护杨立三和后勤机关转移，曾仁文在山西和顺指挥部队阻击日军。在打退敌人多次进攻后，因弹药耗尽，曾仁文和十几名战士跳下悬崖，英勇牺牲，时年 37 岁。

"曾仁文烈士宁死不当俘虏，他的英雄无畏精神给予我们不断前行的信仰和力量，我们要铭记革命先烈的英雄事迹，珍惜当下来之不易的幸福生活。"吉水县史志档案局副局长李琼说。

黄骅

血染疆场　英名永存

　　黄骅，原名黄金山，学名黄为有，1929年春，加入中国共产党。1930年5月，参加中国工农红军。1937年9月，黄骅被派到晋西南去创建抗日根据地，任晋西南游击支队队长。1941年4月，黄骅任冀鲁边军区副司令员兼第115师教导6旅副旅长。1943年3月，黄骅调任八路军冀鲁边军区司令员。同年6月30日，他在主持召开重要军事会议时，被叛徒杀害，时年32岁。

在河北省黄骅市羊二庄镇大赵村的大赵村惨案遗址纪念馆对面的广场上，黄骅的雕像气势凛然，纪念碑和与黄骅烈士同时牺牲的7位烈士雕像分列两旁，苍松翠柏，肃穆庄严……

在遗址纪念馆的留言簿上，写满了参观者的留言，人们缅怀先烈、牢记历史，表达着对英雄的敬意。听闻记者从湖北而来，这里的干部群众立刻多出了几分亲近。

原来，这座渤海湾的小城与湖北有着不解之缘，它得名于一位来自湖北省阳新县的八路军抗日将领——黄骅。

黄骅，原名黄金山，学名黄为有，1911年生于湖北省阳新县木石港区凤凰乡良上村。1926年9月，被选为良上村和周围村庄联合组织成立的儿童团团长。1928年，参加阳新县赤卫队。1929年春，加入中国共产党。

1930年5月，黄骅参加中国工农红军，历任班长、排长、连长、营长、第5军第4纵队团参谋长，参加了中央革命根据地历次反"围剿"和长征。到达陕北后，他任教导师第3团政治委员、红军大学干部团政治委员等职。

1937年全国性抗日战争爆发后，在从延安出发东渡黄河奔赴抗日前线前，改名为黄骅，立志在民族救亡图存的洪流中，做一匹"革命的骏马"。

1937年9月，黄骅被派到晋西南去创建抗日根据地，任晋西南游击支队队长。1938年8月，调任晋西南边区党委军事部长兼第115师晋西独立支队（又名晋西青年抗敌决死队）副支队长，为创建晋西南敌后抗日根据地勤恳工作，做出重要贡献。1940年4月，任鲁西军区副司令员兼三分区司令员。

　　1941 年 4 月，黄骅任冀鲁边军区副司令员兼第 115 师教导 6 旅副旅长，组织冀鲁边区抗日活动。1942 年初，黄骅率部在宁津县张大庄宿营时，被敌包围。在突围战斗中，黄骅沉着指挥，带领部队成功突出重围。

　　1943 年 3 月，黄骅调任八路军冀鲁边军区司令员。同年 6 月 30 日，他在新海县大赵村主持召开重要军事会议时，被叛徒杀害，时年 32 岁。为了纪念黄骅，1945 年新海县易名为黄骅县。1953 年黄骅烈士的遗骸由黄骅县迁到济南市英雄山烈士陵园。2014 年 8 月，黄骅被列入党中央、国务院批准的第一批著名抗日英烈和英雄群体名录。

　　近些年，黄骅市先后修复建设了烈士陵园、黄骅烈士牺牲地遗址等爱国主义教育基地，拍摄了电影《英雄黄骅》，还创作了长篇革命历史小说《血魂：黄骅将军》。如今，黄骅烈士的事迹和精神，在这片以他的名字命名的土地上，不断得到传唱、传承和发扬。

马定夫

回荡在太行山的英雄赞歌

马定夫，1915 年出生，山西榆社人。1935 年考入北京镜湖高中，积极投身反帝爱国运动。1936 年春加入中国共产党。马定夫是抗日战争时期著名的爱民模范。所率部队以遵纪爱民著称，深受广大指战员的爱戴。1943 年 7 月 23 日，由于叛徒告密，盘踞在黄卦据点的 200 多名日伪军偷袭南山枫子岭。为掩护群众转移，马定夫率部与敌血战。战斗中，马定夫不幸中弹牺牲，年仅 28 岁。

有我们就有群众，我们绝不能让群众受到鬼子的伤害！

——马定夫

通往山顶的是一条削山而建、路宽不足 3 米的盘山砂石路，巡林防火的皮卡车摇摇晃晃沿山而上，目的地是位于山顶的马定夫村。

马定夫村位于山西省太谷县东南 18 公里处，原名枫子岭，坐落在太行山脉的一个小山头上。为纪念 1943 年 7 月 23 日在枫子岭战斗中牺牲的马定夫烈士，太谷县人民政府把村子更名为马定夫村。

马定夫，1915 年出生，山西榆社人。1935 年考入北京镜湖高中，积极投身反帝爱国运动。1936 年春加入中国共产党。全国抗战爆发后，受党组织派遣回到家乡，参加山西牺牲救国同盟会。1939 年后，历任中共榆社县委宣传部部长、组织部部长，八路军晋中独立支队政治部教育科长、民运科长，太行 2 分区政治部主任，新编第 10 旅第 30 团政委等职。

1943 年，马定夫率领全团参加了著名的祁县印染厂战斗，重创日伪守军。6 月，马定夫奉命带领部队赴晋中地区的太谷县南山中北岭一带伏击敌军，击毙 30 多名日军。

马定夫是抗日战争时期著名的爱民模范。他关心战士，热爱群众，所率部队以遵纪爱民著称，深受广大指战员的爱戴。

1943 年 7 月 23 日，由于叛徒告密，盘踞在黄卦据点的 200 多名日伪军偷袭南山枫子岭。为掩护群众转移，马定夫率部与敌血战。战斗中，马定夫不幸中弹牺牲，年仅 28 岁。

82 岁的赵守柱老人是那场战争的亲历者，当年马定夫曾住在他家。赵守柱回忆说，我军在地形处于劣势和寡不敌众的情况下，仍英勇阻击，马政委在掩护群众转移时对指战员们说："有我们就有群众，我们绝不能让群众受到鬼子的伤害！"回忆至此，赵老眼里泛起了泪花。

马定夫牺牲后，噩耗传到烈士家乡榆社县，人们悲痛万分，纷纷请战，迅速组织起 120 多人的"马定夫复仇连"。为纪念这位抗战殉国的勇士，太行 2 分区将第 30 团第 3 连命名为"马定夫爱民模范连"。

1964 年，太谷县人民政府为纪念在枫子岭战斗中牺牲的马定夫等 12 位革命烈士，在位于枫子岭东南方向约一公里处的甘草脑山顶修建了烈士纪念碑及墓群。每年清明节，当地村民和来自各地的学生都自发到墓地悼念缅怀英烈。

"1943 年 7 月下旬，马政委带领第 30 团被围困。为了保卫枫子岭，为了保卫贫下中农，奋勇突围杀敌人，壮烈牺牲立功勋……"如今，这首颂扬马定夫的歌谣仍在当地传唱。

赵义京

创造了平原地区伏击战的范例

赵义京，1914年出生在湖北黄陂县（今黄陂区）赵店村一户农民家庭。1930年参加中国工农红军，1933年加入中国共产党。参加了长征。1943年8月，冀南军区5军分区在枣强县召开全区各县武装科长、县大队长和教导员会议后，在江官村遭2000多名日伪军包围。赵义京临危不惧，指挥部队突围。8月30日，在与敌激战中，赵义京身中数弹，壮烈牺牲，时年29岁。

6斤小米够一个战士吃好几天的，我一个人吃了多浪费！

——赵义京

"最近 10 多年，每年我都要去河北邯郸晋冀鲁豫烈士陵园给赵义京扫墓。"谈起赵义京烈士，59 岁的堂弟赵义平不禁肃然起敬。

赵义京，1914 年出生在湖北黄陂县（今黄陂区）赵店村一户农民家庭。1930 年参加中国工农红军，1933 年加入中国共产党。参加了长征。到达陕北后，入抗日军政大学学习。

1937 年全国性抗日战争爆发后，赵义京随八路军 129 师开辟太行抗日根据地，任师通讯队长、作战参谋和科长等职。1938 年后，任冀南军区第 5 军分区参谋长、副司令员、司令员等职，在 5 分区的各县、区之间组建了县大队、区小队、村游击小组，扩大了抗日武装力量。

1940 年 7 月初，赵义京指挥抗日军民破坏了 5 条敌人交通运输线。7 月 25 日夜，赵义京率分区武装会同军区第 25 团，埋伏于武邑与衡水间的苏正、苏义地区。次日凌晨，衡水日军川井大队 100 余人来犯。战斗中，赵义京身先士卒，仅用 9 分钟便取得战斗胜利。这次战斗被第 129 师评价为"创造了在平原地区迅速、干净消灭敌人的伏击战的范例"，受到八路军总部通令嘉奖。

赵义京严于律己，艰苦朴素。闹灾荒时，他带头吃糠咽菜，由于工作繁忙，又缺乏营养，身体相当虚弱，同志们非常心疼，用 6 斤小米换了一只鸡，要他补补身子，他坚决不要。他说："6 斤小米够一个战士吃好几天的，我一个人吃了多浪费！"后来，供给处的同志从老乡那里给他搞了点营养品。他知道后很生气，批评了送东西的同志，责令把东西送回去。

1943 年 8 月，冀南军区 5 军分区在枣强县召开全区各县武装科长、县大队长和教导员会议后，在江官村遭 2000 多名日伪军包围。赵义京临危不惧，指挥部队突围。8月30日，在与敌激战中，赵义京身中数弹，壮烈牺牲，时年29岁。

冀南军区5军分区副司令员陈耀元也在这次战斗中牺牲。5分区党政军民为赵义京、陈耀元举行了隆重追悼会。为了纪念这两位烈士，冀南5地委将枣北县改名为赵陈县。1984年3月，共青团枣强县委在他们的牺牲地枣强县王常乡西江官村修建了纪念碑。每到清明节、烈士纪念日，就有中小学校师生、领导干部和群众等来给烈士扫墓，以祭奠烈士，学习他们的革命精神。

乾云清

长于短兵相接、突然袭击的"战斗英雄"

　　乾云清，1906 年出生，湖南人。少年时参加了中国工农红军，并参加了长征。全国性抗日战争爆发后，乾云清随八路军第 120 师转战晋西北抗日战场，任特务团连长。不久，调冀中警备旅，任营长、作战股副股长。1943 年 5 月，乾云清调任冀中警备旅 40 区队队长，亲自指挥了大里等 20 多次战斗，缴获敌军大批武器装备，活捉日伪军 100 余人。1943 年 8 月，我军在深县黄龙与日军展开激战。乾云清奋勇当先，战斗接近尾声时，他身中日军流弹，不幸壮烈牺牲，时年 37 岁。

在抗战的艰苦岁月里，冀中平原有一个区队长，指挥平原小部队，与日本侵略者进行短兵相接的白刃战，屡次以突然袭击给敌人予歼灭性的打击，他就是战斗英雄乾云清。

乾云清，1906 年出生，湖南人。少年时参加了中国工农红军，并参加了长征。

全国性抗日战争爆发后，乾云清随八路军第 120 师转战晋西北抗日战场，任特务团连长。不久，调冀中警备旅，任营长、作战股副股长。

1942 年，日军对冀中抗日根据地进行残酷的"五一"大扫荡，实行野蛮的"三光"政策。时任冀中军区第 6 军分区 31 区队队长的乾云清，率领部队活动在深县、束鹿、赵县、晋县等地，屡次以突袭等方式给日军以迎头痛击。一次，通过连续侦察，乾云清发现，每逢护驾池"大集"，前磨头据点的日军都会全副武装地沿着新修的公路来这里"护驾"，早晨过来，下午原路返回。摸清了这一情况后，他决定在这里打个伏击。于是，在下一个护驾池"大集"到来之前，他和侦察员一起把敌人的出行路线仔仔细细地"踩"了一遍，并把伏击阵地设在了距孙家村公路 50 米的"青纱帐"里。护驾池"大集"这天拂晓，乾云清带着队伍在预设阵地隐蔽起来。8 点半左右，当 30 多个鬼子从前磨头据点大摇大摆地走到距伏击阵地二三十米处时，公路两侧突然射出了密集的子弹、扔出了几颗手榴弹，许多鬼子还没明白过来就被打死在公路上。这场"一边倒"的战斗只持续了不到 15 分钟，30 多个鬼子全部被消灭，所携带的一挺"歪把子"机枪、20 多支"三八大盖"及一具掷弹筒成了八路军的战利品，我方在战斗中只损失了 ·员。这场伏击战的规模虽然不大，却创造了冀中第 6 军分区突袭敌军的模范战例，受到冀中军区通令嘉奖。

1943年5月，乾云清调任冀中警备旅40区队队长，亲自指挥了大里寺、西泽北、和庄、黄龙等20多次战斗，缴获敌军大批武器装备，活捉日伪军100余人。日军指挥官也不得不称赞："八路军的战术高明，乾部队真是厉害！"战士们也十分信任、佩服他，常说："跟着乾队长，天天打胜仗！"

1943年8月，我军在深县黄龙与日军展开激战。乾云清奋勇当先，战斗接近尾声时，他身中日军流弹，不幸壮烈牺牲，时年37岁。牺牲后被冀中军区追认为"战斗英雄"。

2014年，乾云清被收入选党中央、国务院批准的第一批300名著名抗日英烈和英雄群体名录。

邓振询

"革命生死为大众"的优秀党员

邓振询，1904年生于江西省兴国县，1929年2月加入中国共产党。1934年10月，邓振询随中央红军主力长征，任红一方面军第五军团政治部地方工作部部长。1938年1月起，邓振询先后任中共江西省委副书记兼组织部长、苏皖区委书记、江南区委副书记等职。1943年8月3日，邓振询在江苏省江宁县布置检查工作时与敌人遭遇，转移中过秦淮河时不幸牺牲，年仅39岁。

在江西省中央苏区烈士陵园兴国县散葬烈士墓群，松柏苍翠，丰碑耸立。每逢烈士纪念日，当地人总会怀着崇敬的心情，向烈士纪念碑敬献鲜花并瞻仰烈士墓园，缅怀烈士丰功伟绩。英烈邓振询就长眠于此。

邓振询，1904年生于江西省兴国县，1928年加入中国共产主义青年团，1929年2月加入中国共产党。

1932年2月，邓振询被选为闽赣两省工人代表大会主席团成员，先后担任江西省职工联合会执行委员兼组织部长、江西省职工联合会委员长、全国手工业工会委员长等职，"为了大家舍小家"，他全身心投入到革命工作中。

1933年10月，在苏区"扩大红军突击月"活动中，邓振询领导的"全总执行局西冈扩红突击队"被誉为中央苏区"模范扩红突击队"，他本人被评为苏区"扩红模范"。1934年1月，他出席中华苏维埃共和国第二次全国代表大会，当选为主席团成员，为发展和建设中央苏区做出积极贡献。

1934年10月，邓振询随中央红军主力长征，任红一方面军第五军团政治部地方工作部部长。长征路上艰险备尝，战斗频繁，但每到一地，邓振询总是不顾疲劳，耐心细致地做群众工作，宣传党和红军的政策，说服和动员群众为红军提供粮食等必需给养，保障红军部队基本生活的供给，出色地完成了任务。

1935年10月，主力红军长征到达陕北，邓振询担任中华苏维埃共和国中央政府西北办事处劳动部长。1936年9月，他被任命为陕甘宁边区政府民政厅长兼工农厅长，致力于发展边区生产和经济建设，废除旧政权的苛捐杂税，为调动边区人民抗日积极性做出了贡献。

1938年1月起，邓振询先后任中共江西省委副书记兼组织部长、苏皖区委书记、江南区委副书记等职，奔走于赣南闽西、湘鄂赣、湘赣、苏皖等地，恢复和发展党的各级地方组织，协助完成新四军第二支队的组建任务。1943年3月，邓振询主持召开了苏南各县县长联席会议，通过了"苏南施政纲领"，成立苏南行政公署，巩固和发展了苏南抗日民主根据地，使其成为新四军挺进苏北的桥梁。

1943年8月3日，邓振询在江苏省江宁县布置检查工作时与敌人遭遇，转移中过秦淮河时不幸牺牲，年仅39岁。

邓振询烈士的孙女邓春兰说："为让后辈传承红色基因，记住历史，我每年都会带着女儿祭奠祖父，接受革命教育。祖父那种'革命生死为大众'、舍小家为大家的奋斗精神，值得我们永远怀念。"

邓振询崇高的爱国主义精神、清正廉洁的工作作风、坚定不移的革命信念，正引领和激励着家乡人民攻坚克难、砥砺前行。

朱程

"铁军将才"为掩护主力
突围英勇牺牲

朱程，1910 年出生，1929 年毕业于黄埔军校第 6 期，1930 年在国民党军德州教导队任见习教官时，因参与反对蒋介石的活动被捕入狱。全国抗战爆发后，朱程先后任河北民军第 10、11 大队大队长，第 11、4 团团长。1943 年 9 月 28 日，在山东曹县西南地区王厂反"扫荡"作战中，为掩护主力突围，他亲率百余人顽强抗击敌人，在激战中英勇牺牲。

朱程同志牺牲，我中华民族失一将才，边区部队失却了一个良好的指挥员，我党损失了一个优秀的布尔什维克干部。

——杨得志

英雄已逝，精神永存。浙江南部小城苍南，每到寒暑假或清明时节，一批批中小学生及各界人士都会来到"铁军将才"朱程烈士故居，缅怀先烈、重温历史、牢记使命。

朱程，1910年出生，1929年毕业于黄埔军校第6期，1930年在国民党军德州教导队任见习教官时，因参与反对蒋介石的活动被捕入狱。1931年出狱后，朱程回平阳，受共产党人影响，接受革命思想。后在津浦铁路警察行政督察总署和护路大队任中队长时，曾秘密协助浙南中共组织和红军游击队建立联络点，筹措枪支弹药。1934年，朱程赴日本入东京铁道学院学习。1937年5月，离毕业还有两个月，为参加抗日救亡工作，他毅然回国，到山西国民兵军官教导团任教官。

全国抗战爆发后，朱程先后任河北民军第10、11大队大队长，第11、4团团长。民军成员不少是来自平津和各地热情抗战的青年学生和农民。为把民军造就为真正的抗日武装，他常对全团干部战士说："民军为人民，驱逐日寇出国土，抗日救亡是民军的宗旨。谁消极和反对抗日，就和谁决裂。"

在11团任团长时，朱程积极支持中共派出担任该团政治部主任的闻允志建立秘密党支部，该团的政治工作干部多数是共产党员。因此，11团名义是河北民军，实际上是由我党掌握的一支抗日武装，活动于敌后的林县、汤阴、淇县、安阳一带，在朱程指挥下，攻打过鹤壁集、高村桥伪据点，还破坏过敌人的交通命脉平汉铁路，对于敌占区的群众起到了鼓舞作用。

为坚持团结抗战，他与国民党反共顽固派张荫梧进行坚决斗争。1939年6月，朱程率第4团脱离河北民军，根据八路军总部的指示，建立华北抗日民军，任司令员。同年9月，朱程加入中国共产党，后指挥部队取得狮山伏击战等战斗的胜利。1940年2月，朱程任八路军第2纵队民军1旅旅长，随纵队东进冀鲁豫边区，先后兼任冀鲁豫军区第1、5分区司令员，指挥部队参加多次反"扫荡"作战，屡屡获胜，开辟和坚持了以内黄、曹县为中心的沙区抗日根据地。

1943年9月28日，在山东曹县西南地区王厂反"扫荡"作战中，为掩护主力突围，他亲率百余人顽强抗击敌人，在激战中英勇牺牲。冀鲁豫军区司令员杨得志在悼念文章中说："朱程同志牺牲，我中华民族失一将才，边区部队失却了一个良好的指挥员，我党损失了一个优秀的布尔什维克干部。"

坐落于苍南县矾山镇内山村的朱程故居内，陈列着与烈士有关的图片、遗物、文献、书信、挽联等，其中有朱德、彭德怀给朱程将军的亲笔信，有《冀鲁豫日报》《战友报》等对朱程军事指挥才能的报道，以及烈士其他遗物。

故居前的朱程广场，矗立着一座烈士的铜质雕像。旁边的亭子上，书写着"抛头颅洒热血为国为民，展宏图沥肝胆无私无畏"的对联。故居管理负责人说："朱为红色，程为道路，朱程烈士短暂而光辉的一生，就是坚定走红色道路、为革命事业矢志奋斗的一生。"

肖永智

有勇有谋的抗日骁将

  肖永智，1916 年出生，河南新县人。1932 年 6 月，肖永智带领 20 多名战士，经过 1 个多小时的激烈战斗，将偷袭箭厂河的一个营的敌人歼灭，创造了速战速决、以少胜多的模范战例。1943 年 7 月，肖永智任冀南军区第 7 军分区政治委员兼中共地委书记。他经常深入前线，开展战场政治工作，并参与作战指挥，锻炼成为八路军的一员骁将。1944 年，肖永智率部抗战时，在山东清平县陈官营（今属山东临清市）遭日军突袭，突围时英勇牺牲，年仅 28 岁。

位于河北邯郸的晋冀鲁豫烈士陵园内，苍松翠柏，庄严肃穆，抗日骁将肖永智烈士长眠于此。同时，在山东聊城的鲁西北革命烈士陵园以及英雄的家乡河南新县，每到清明时节，肖永智的英勇事迹就会被再次传扬。

肖永智，1916 年生，河南新县人。1927 年参加儿童团，1931 年参加中国工农红军，同年加入中国共产主义青年团，1932 年加入中国共产党。肖永智曾任红 4 军第 10 师少共团委书记、红 31 军政治部宣传队队长、第 91 师政治部宣传科科长、91 师政治部主任等职，参加了鄂豫皖苏区反"围剿"、川陕苏区反"围攻"和长征。

1932 年 6 月，肖永智带领 20 多名战士，经过一个多小时的激烈战斗，将偷袭箭厂河的一个营的敌人歼灭，创造了速战速决、以少胜多的模范战例。同年，在鄂豫皖第四次反"围剿"战斗中，他率领百余名指战员伪装主力，吸引牵制了敌人一个师的进攻，掩护了鄂豫皖中央分局和红四方面军总部及红军主力两万余人安全转移。由于他机智勇敢，屡建战功，多次受到鄂豫皖苏区创建人吴焕先的称赞。到达陕北后，肖永智被派到中央党校学习。

全国抗战爆发后，肖永智任八路军第 129 师 386 旅 772 团政治处副主任、政治委员，先后参加长生口、神头岭、响堂铺战斗和晋东南反"九路围攻"。1939 年，肖永智任第 129 师先遣纵队政治委员，率部在鲁西北地区坚持抗日游击战争。

1940 年，肖永智任第 129 师新编第 8 旅政治委员，参加了百团大战和冀南地区反"扫荡"作战。1943 年 7 月，肖永智任冀南军区第 7 军分区政治委员兼中共地委书记。他经常深入前线，开展战场政治工作，并参与作战指挥，锻炼成为八路军的一员骁将。

1944年，肖永智率部抗战时，在山东清平县陈官营（今属山东临清市）遭日军突袭，突围时英勇牺牲，年仅28岁。

2014年，民政部公布第一批300名著名抗日英烈和英雄群体名录，肖永智名列其中。每年清明时分，肖永智的继子肖良发和家人会到烈士陵园，一起为肖永智烈士扫墓。"作为英雄的后人，我们会继承革命意志，发扬优良传统，比如参军这样的传统，在我们家传承得很好。"肖良发说。

如今，河南新县36万老区干群秉承先烈遗志，传承革命精神，勇立潮头奋当先，2018年成为大别山革命老区首个实现脱贫摘帽的国家级贫困县，并被河南省委、省政府确定为信阳市唯一的乡村振兴示范县。

韩增丰

"敌人怕他韩猛子，他为人民建奇功"

　　韩增丰，1916年出生于河北省平山县观音堂乡湾子村一个开明家庭。1938年10月加入中国共产党。韩增丰战术灵活，勇猛顽强，屡建奇功。1943年10月11日，韩增丰率部进驻行唐县宋营村。10月12日拂晓前，日军将宋营村包围，韩增丰带领一支队伍猛冲猛打，制造声势，掩护其他队伍和一些政工干部、群众从另一个方向冲出包围，而他在返回村子救战友和群众时，身中数弹，壮烈牺牲，时年27岁。

"柳里河有个湾子村，湾子村出了个韩增丰，敌人怕他韩猛子，他为人民建奇功。"这首在革命老区河北省平山县流传的儿歌，总是会让这里的人们回忆起战斗英雄韩增丰的抗战故事。

韩增丰，1916年出生于河北省平山县观音堂乡湾子村一个开明家庭，他追求进步，以天下为己任。1931年，韩增丰在正定求学。他在校内成立了"苦干社"，还在石家庄创办《晓报》宣传东北抗日联军的杀敌事迹。1934年，他投笔从戎，考入山西太原军官学校，先学无线电专业，后转学炮兵。

全面抗战爆发后，韩增丰返回平山县，先后任晋察冀军区4军分区8大队第3中队中队长，晋察冀第4军分区第8区队区队长，1938年10月加入中国共产党。韩增丰战术灵活，勇猛顽强，屡建奇功。他率领的队伍常常出奇制胜，让日伪军闻风丧胆。从1937年11月至1943年10月，他率部与日军作战300余次，成为晋察冀边区著名的抗日英雄。

1938年12月25日，日军向洪子店等地"扫荡"，韩增丰认为此时温塘必定空虚，是进攻的好时机。他亲自带领40余名官兵，化装成给"皇军"送慰劳品的百姓，推着十几辆装满猪肉、白菜、活鸡、干柴等东西的独轮车，来到温塘日军据点，骗过关卡后，指挥战士摧毁温塘碉堡群，毙敌30多人并放火烧了所有岗楼，1小时结束战斗，撤离阵地。

1939年，韩增丰任平（山）井（陉）获（鹿）游击支队副支队长。他率部从平山九里山出发，长途奔袭，奇袭石家庄西郊大郭村日军飞机场，炸毁敌运输机两架，俘敌30余名，并夺取大量棉花。

1941年秋季的一天，井陉城的日军指挥官送来请帖，邀韩增丰到贾庄饭馆谈判。韩增丰身缠炸药，只带两名警卫员，昂首阔步走进饭馆。日方用煤矿诱降韩增丰，韩增丰拍案而起："别来这一套，是英雄战场上见！"说罢，拂袖而去。

三天后，日军集中平山城、井陉城、横间煤矿的 900 名日伪军，分三路进行"铁壁合围"。韩增丰得到情报后，留少部分兵力诱敌深入，他带大部队转到外围。日伪军攻进赵庄岭后即遭到韩增丰部队的包围，日军见状仓皇突围。经一天激战，韩增丰部大获全胜。

1943 年 10 月 11 日，韩增丰率部进驻行唐县宋营村。10 月 12 日拂晓前，日军将宋营村包围，战斗非常惨烈，韩增丰带领一支队伍猛冲猛打，制造声势，掩护其他队伍和一些政工干部、群众从另一个方向冲出包围，而他在返回村子救战友和群众时，身中数弹，壮烈牺牲，时年 27 岁。

1944 年春，晋察冀军区和第 4 军分区在平山洪子店镇召开万人追悼大会，正式宣布韩增丰晋级上校军衔，追认战斗英雄称号。晋察冀军区 4 分区为韩增丰题写碑文，军分区首长为他撰写挽联："磁河边洒热血，寒林啼鹃数行泪；湾子里哭英魂，长空归雁几度书。"

每年清明，韩增丰烈士墓前祭扫、缅怀的人们总是络绎不绝。平山县委常委、宣传部长赵永生说："战争的硝烟虽已散去，但烈士的精神必将永存。"

鲁宝琪

抗日先锋身陷"虎穴"壮烈死

鲁宝琪，1913年出生于山东省泰安城关一个富裕的家庭里。1937年，全面抗战爆发后，鲁宝琪按省委指示，组建中共泰安县临时县委并任书记。1939年鲁宝琪调山东纵队政治部任科长。1942年他被派到泰山一带敌占区，任八路军鲁中军区敌工部部长，负责搜集日伪军情报和交通工作。1943年10月，由于奸细告密，伪军数百人于半夜包围了鲁宝琪的住处。鲁宝琪在狱中坚贞不屈，坚持斗争，因伤情急剧恶化，于10月20日牺牲。

在泰山凌汉峰怀抱，金山之阳坐落着一座陵园——泰安革命烈士陵园。被苍松翠柏拱卫的陵园内，安葬着八路军鲁中军区敌工部部长鲁宝琪。

鲁宝琪，1913 年出生于山东省泰安城关一个富裕的家庭里。学生时代的鲁宝琪，随着年龄和知识的增长，激发了他救国救民的责任感。

17 岁时鲁宝琪考入山东省立高中。1931 年 3 月，鲁宝琪光荣地加入了中国共产党。

1932 年 7 月，受中共山东省委委派，鲁宝琪、王心一等人到胶东海阳、牟平一带开展党的工作。同年 8 月，王心一、鲁宝琪等根据山东省委的指示，建立了牟平、海阳两县第一个中共县委——中共牟海县委，王心一任书记、鲁宝琪任宣传委员。

鲁宝琪当时的公开身份是瑞泉中学教员。在瑞泉中学期间，他经常利用课余时间到附近各村指导党的工作，检查督促发展党员、开展党的活动。各村党的负责人也常常到学校向他汇报工作，接受指示。通过他卓有成效的工作，附近的党组织发展迅速。

1937 年，全面抗战爆发后，鲁宝琪按省委指示，组建中共泰安县临时县委并任书记。参与组织"泰安县各界抗敌后援会""泰安县民众抗日总动员委员会""泰安县抗日救亡剧团"及"泰安人民抗敌自卫团"，并任自卫团政治部主任。

日军侵占泰安城后，鲁宝琪带领 60 余人参加了徂徕山抗日武装起义。起义武装组成八路军山东人民抗日游击队第四支队，他任一中队指导员。起义初始，部队吃住条件极差，人员思想不稳定，鲁宝琪以身作则，吃苦在前，努力做好中队的思想政治工作，对起义部队的巩固和发展发挥了积极作用。

1938 年 2 月，山东省委派鲁宝琪回泰安组建泰安独立营。鲁宝琪回泰安后，发展武装近百人，于5月中旬建立了四支队泰安独立营，洒海秋任营长、鲁宝琪任教导员。

1939年鲁宝琪调山东纵队政治部任科长。1942年他被派到泰山一带敌占区，任八路军鲁中军区敌工部部长，负责搜集日伪军情报和交通工作。鲁宝琪整顿了泰安地下情报交通站，搜集了大量情报，完成了对过路干部的接应护送等任务。

鲁宝琪具有很强的自我牺牲精神。他的脚有病，走路困难，组织上给他配了一匹马，可是他的工作性质不允许骑马去完成，要求隐蔽迅速地去完成，因此，在执行任务时，他比起别人就更加困难。他常诙谐地说："我是无产阶级的身子，资产阶级的脚，能吃苦不能跑路。"调侃过后他仍是不歇脚地工作。

1943年10月，鲁宝琪带通信员到泰安城东布置工作，由于奸细告密，伪军数百人于半夜包围了鲁宝琪的住处。拂晓时，敌人开始射击，密集的枪声惊醒了鲁宝琪等人，鲁宝琪猛然察觉到已陷入敌人的包围之中。他不甘束手就擒，向敌人猛烈还击。但因寡不敌众，他的腹部、大腿和手臂多处中弹。在危急时刻，他想到的首先是党的机密，为了不给敌人留下一点党的秘密，他忍着剧痛，把一个随身携带的笔记本嚼碎吞到肚子里，便昏迷过去，不幸被俘。

被俘后，鲁中军区积极组织营救。鲁宝琪在狱中坚贞不屈，为严守党的秘密拒绝饮食和治疗，坚持斗争，因伤情急剧恶化，于10月20日牺牲。

泰安市委党史办副主任李耀德说："鲁宝琪是我党的优秀党员，忠诚的无产阶级革命战士，敌工战线上的传奇英雄。他为党为人民奋斗终身，虽死犹生。他给后人留下了最感人、最高尚的精神财富。他的光辉形象与泰山共存！"

许国璋

身已许国，大宗执璋！

许国璋，字宪廷，1898 年出生，四川成都人。早年加入川军。抗日战争全面爆发后，许国璋任第 3 师 9 旅 25 团团长。后随第 29 集团军出川抗日，任第 67 军 483 旅旅长。1943 年 11 月，侵华日军对常德守军实施猛烈轰炸，许国璋 150 师受命占领常德北面的太阳山，与敌激战。得知陬市已被敌人占领，自己伤后昏迷被抬过南岸，许国璋用卫士的手枪自尽殉国。

我出川抗战，身已许国！

——许国璋

　　2019 年春节，山东济南一间普通民居里，55 岁的许健按风俗为先人焚香烧纸，向爷爷许国璋缅怀致敬。

　　川军将领许国璋，字宪廷，1898 年出生，四川成都人。早年加入川军。抗日战争全面爆发后，许国璋任第 3 师 9 旅 25 团团长。后随第 29 集团军出川抗日，任第 67 军 483 旅旅长。

　　摊开地图，指尖从四川划起，一路划过黄梅、鄂东、京山、钟山、大洪山……这是许国璋战斗的路线。

　　1938 年 6 月，侵华日军溯长江西上，以 25 万余人兵力，动用各型舰艇 120 余艘、飞机 300 余架，从长江南北分兵进逼武汉。中国军队以武汉及附近地区为中心，同日本侵略军展开了一场大规模的会战。武汉会战是抗战以来战场最长、规模最大、持续时间最长并具有重要意义的一次会战。中国军队以巨大的牺牲，为大量工厂、民众向西转移争取了时间。迫使日军因战线加长、国力所限，只能从战略进攻向战略相持转变，"速战速决"迷梦彻底破灭。

　　许国璋率部参加了黄（梅）广（济）战役，奉命在黄梅以南阻击日军，坚守阵地达一个月之久。10 月，许国璋率部掩护战区主力转移，在鄂东上巴河战役中，重创日军。同年秋，许国璋又率部进驻京山、钟山、大洪山等地，与日军多次作战。1941 年升任第 67 军 150 师副师长，次年升任师长。

　　1943 年 11 月，侵华日军为牵制我滇西大反攻，出动 10 万余人、飞机 130 余架，对常德守军实施猛烈轰炸，并施放毒气弹、燃烧弹，发起无数次的白刃冲锋。第 57 师与敌苦战 16 昼夜，全师官兵 9000 余人生还者不足百人！

　　许国璋率 150 师在一次伏击中，俘获一个军用皮包，包里装有一张五万分之一的军用地图。地图上标明，日军将要发动一场新的攻势，其主攻的箭头矢标直指常德！这为备战提供了重要情报。

至 11 月下旬，日军已从西北和东北两路逼近常德和桃源。阻击西北一路敌军的任务落到了 29 集团军肩上。许国璋 150 师受命占领常德北面的太阳山。只要占领太阳山和邻近的太浮山，日军在常德就无法立住脚。

此前 150 师在南县和安乡一线迟滞敌人、辗转作战已 20 余日，早已伤亡惨重、残破不全。当到达澧水岸边，右前方津市正面之敌已渡过澧水，向 150 师截击而来！许国璋当机立断，分兵速进，自己率师部和两连士兵跟进。不料日军得知前面是 150 师部消息后，迅速插到师主力和师部之间，与尾追而来的敌人两面夹击。许国璋率部且战且走，退到常德西面十来公里的陬市镇。敌人紧追不舍，在黄昏时将陬市镇三面围住。

陬市镇临河而建，三面临敌，一面临江。

最后关头，许国璋命令销毁电台和密码，全体师部人员提枪上阵。一颗炮弹在身后爆炸，许国璋一头栽倒在地上……官兵误以为师长已死，让两名渔民驾船将师长"遗体"送至南岸。

翌日清晨，许师长逐渐清醒过来，问及左右，才知道陬市已被敌人占领，自己伤后被抬过南岸。奄奄一息的许国璋突然挣扎着断断续续地大声说道："我……我是军人，应该……死在战场上！你们把我抬过河，这是害了我！"天还没有大亮，一声枪响，许国璋用卫士的手枪自尽殉国。后被国民政府追晋为陆军中将。

许国璋殉国后，遗体被送回故乡成都市，雕塑家刘开渠为其塑像纪念，与刘湘、李家钰、王铭章的塑像一同屹立在成都市少城公园，称为四将军像。

"我出川抗战，身已许国！"这是许国璋出川抗战临行前对家人说的话，出川时儿子才7岁，再也没见过父亲一面。

礼记云，大宗执璋。璋，是中华民族寄放灵魂的神圣礼器。中华民族的灵魂，从来没有低下过头颅。

"我一直在想，爷爷战斗时是什么样子。"许健说。2015年1月，民政部向许健颁发了许国璋抗日烈士证书。他计划去一趟常德，在爷爷战斗的地方，为抗战将士献花。

符竹庭

军政兼优的抗日英雄

符竹庭，1912年出生，江西省广昌县头陂镇人。1928年加入中国共产党。抗日战争全面爆发后，符竹庭任八路军第115师343旅686团政治处主任，参加了平型关战斗。1943年3月，他任中共滨海区委书记兼滨海军区政治委员，参加指挥赣榆战斗，生俘伪旅长以下官兵2000余人。11月26日，符竹庭在反击日军袭击马旦头的战斗中英勇牺牲，时年31岁。

国家兴亡，人人有责。人民的子弟兵，要有中国人的骨气。要消灭日本法西斯，打出八路军的威风，为中华民族雪耻，为受苦受难的同胞报仇！

——符竹庭

　　竹庭烈士纪念亭、竹庭公园、竹庭路……在江西省广昌县，每逢清明、七一、抗战胜利纪念日、烈士纪念日、国庆节等重要节日，这些以符竹庭烈士的名字命名的地方都成了干部群众、中小学生缅怀革命英烈、开展爱国主义教育的重要场所。

　　符竹庭，1912年生，江西省广昌县头陂镇人。1927年加入中国共产主义青年团。1928年加入中国共产党，同年参加中国工农红军。历任大队政治委员、团政治委员、师政治部主任等职，参加了中央苏区历次反"围剿"和长征。到陕北后，他任红一方面军政治部巡视团主任。1936年6月进入中国人民抗日红军大学学习。

　　抗日战争全面爆发后，符竹庭任八路军第115师343旅686团政治处主任，参加了著名的平型关战斗。为了打好这一仗，他在全团大会上做了令人鼓舞的战斗动员："国家兴亡，人人有责。人民的子弟兵，要有中国人的骨气。要消灭日本法西斯，打出八路军的威风，为中华民族雪耻，为受苦受难的同胞报仇！"

　　1938年10月，符竹庭任八路军东进抗日挺进纵队政治部主任，参加开辟冀鲁边抗日根据地的斗争。根据敌强我弱的情况，部队分散开展活动。他率政治部和部分武装活动在阳信、惠民、商河一带，广泛发动群众，开展机动灵活的游击战争。期间领导创办了《挺进报》《挺进月刊》，指导边区党委创办了《烽火报》。

　　1939年底后，符竹庭任鲁西军区政治部主任兼第115师独立旅政治部主任、教导2旅政治委员。1941年率部进入滨海地区，3月下旬参与指挥青口战斗，歼灭日伪军千余人，拔除敌据点十余处，解放沿海大片地区。同时他组织根据地军民开展生产运动，为解决根据地的经济困难发挥了重要作用。

1943 年 1 月，为配合苏鲁边区反"扫荡"，符竹庭同旅长曾国华指挥教导 2 旅及地方武装采取"翻边战术"，袭击敌伪据点郯城，在我军猛烈打击下，日伪军千余人缴械投降，日军指挥官多田幸雄被生俘。同年 3 月，他任中共滨海区委书记兼滨海军区政治委员，参加指挥赣榆战斗，生俘伪旅长以下官兵 2000 余人。11 月 26 日，符竹庭在反击日军袭击马旦头的战斗中英勇牺牲，时年 31 岁。

为纪念和缅怀这位为国捐躯的八路军优秀将领，1945 年至 1950 年山东省人民政府曾将赣榆县改名为竹庭县。赣榆人民创作了题为《纪念符竹庭》的颂歌，以纪念和缅怀这位为国捐躯的八路军优秀将领。

广昌县委党史办负责人说，符竹庭烈士是广昌人民的骄傲。我们纪念符竹庭，就是要铭记革命和抗日历史，缅怀那些为国家和民族解放而不懈奋斗、英勇献身的英雄们，继承先烈遗志，传承红色基因，使英烈精神彪炳千秋，薪火相传。

彭士量

"为民族尽孝，死何憾焉！"

彭士量，号秋湖，1904年8月5日出生，湖南浏阳人。彭士量率部先后参加淞沪会战、太原会战、徐州会战、武汉会战、第一次长沙会战。1943年，彭士量任暂编5师师长。11月，当掩护第73军撤退任务完成后，暂编5师奉命撤出石门，遭遇日寇的阻击。彭士量不幸被敌机机枪击中要害，身受重伤，牺牲时，年仅39岁。

大丈夫为国家尽忠，为民族尽孝，死何憾焉！

——彭士量

春节过后，湖南阴雨天不断。在蒙蒙细雨中，位于湘西北石门县新关镇安乐片区岩门口的"彭士量将军殉国处"纪念碑庄严肃穆。

彭士量，号秋湖，1904年8月5日出生，湖南浏阳人。黄埔军校第4期毕业，参加北伐战争，历任排长、连长、营长、副团长等职。

1932年，彭士量考入陆军大学第11期学习，1935年12月升任第83师参谋处处长。不久，彭士量任预备第4师参谋长、副师长等职。

1937年抗日战争全面爆发后，彭士量率部先后参加淞沪会战、太原会战、徐州会战、武汉会战、第一次长沙会战。

1941年，彭士量任第6战区司令长官部高级参谋兼干训团教育处长。1942年底，任陆军第73军暂编第5师副师长，率部参加了第三次长沙会战。

1943年，彭士量任暂编5师师长。11月，日军为牵制中国军队在滇西发起常德会战，打击中国军队的士气。暂编5师奉命坚守石门，阻止日军从西向常德包抄。

11月8日，日军第3师团、第13师团在飞机大炮的掩护下向石门发起猛攻，暂编5师在彭士量的指挥下浴血奋战。所部官兵坚守8个昼夜，伤亡惨重。

15日拂晓，当掩护第73军撤退任务完成后，暂编5师奉命撤出石门，在岩门口遭遇日寇的阻击，彭士量指挥部队奋力回击。在组织部队渡溇水河时，彭士量不幸被敌机机枪击中要害，身受重伤。临终之前，他对属下高呼："大丈夫为国家尽忠，为民族尽孝，死何憾焉！"牺牲时，年仅39岁。

彭士量牺牲后，被追晋为陆军中将。1985年，民政部追认彭士量为革命烈士。他是首批入驻中国人民抗日战争纪念馆和湖南革命烈士纪念塔的国民党军抗日将领。南岳忠烈祠有彭士量烈士的纪念碑、遗书和墓地。

2015 年 12 月，湖南省石门政府为纪念彭士量烈士，在石门县岩门口为彭士量将军修建了名为"彭士量将军殉国处"的纪念碑。

石门县文史学者张友亮说，彭士量将军是抗日战争中亲临前线，与日军拼杀、战死沙场的著名抗日将领，他率领暂编 5 师用生命守卫河山，用血肉铸就长城。他们捍卫了国家的神圣领土，鼓舞了全国军民抗战的信心，为中华民族的子孙后代树立了光辉的榜样。

马晓云

侠肝义胆除汉奸
铁血抗日映丹心

马晓云，原名马方杲，1906年9月4日出生于山东省长山县北旺庄（今淄博市经济开发区北郊镇北旺村）。1924年加入东北军。1944年1月，根据中共山东分局、山东军区的指示，清西军分区改为渤海军区第6军分区，马晓云任副司令员。8月10日，在攻打王家庄据点时，马晓云不幸牺牲，时年38岁。

在山东省淄博市革命烈士陵园内苍松翠柏掩映下，鲁中地区著名抗日英雄马晓云的墓碑安然矗立。看着墓碑上的照片，听着讲解员的讲述，前来接受爱国主义和革命传统教育的参观者，似乎又回到那个战火纷飞的年代，对这位铁血抗日英雄肃然起敬。

马晓云，原名马方杲，1906年9月4日出生于山东省长山县北旺庄（今淄博市经济开发区北郊镇北旺村）。1924年加入东北军。

1931年"九一八事变"后，马晓云回到家乡，发动乡亲声援东北人民抗日，同时筹集枪支，组织联庄会。1937年全国抗战爆发后，在家乡发动组织抗日队伍。同年底，与哥哥马耀南、弟弟马天民参与黑铁山起义，并把筹集到的3支手枪和几百银圆全部献给起义部队。1938年4月，马晓云所部编为山东人民抗日救国军第5军第7支队，马晓云任支队长。7月任八路军山东人民抗日游击队第三支队第7团团长。

1939年夏，马晓云奉命率领部队插入敌后，开展对敌斗争。他带领战士实施拔掉敌人据点、炸毁日军火药库、破坏铁路使日军军用列车出轨等行动，牵制了敌人对抗日根据地的"扫荡"。7月22日，其兄八路军山东人民抗日游击队第三支队司令员马耀南牺牲，更激起他报家仇国恨的决心。同年马晓云加入了中国共产党。

1940年初，马晓云被派到延安抗日军政大学学习，1942年初夏回到山东，任清西军分区副司令员。在此期间，日寇疯狂推行"强化治安运动"，对抗日根据地反复进行"铁壁合围"，实行野蛮的"三光"政策。马晓云率队与日军展开针锋相对的斗争，他们处决叛徒、击毙汉奸、消灭匪特，狠狠打击了敌人的嚣张气焰，开创了清西抗日斗争的新局面，使清西抗日根据地得到巩固。此后，上级根据斗争形势的需要，批准成立了清西专员公署，马晓云被任命为专员。

1944 年 1 月，根据中共山东分局、山东军区的指示，清西军分区改为渤海军区第 6 军分区，马晓云任副司令员。为更有力打击敌人，部队分两路行动。司令员许云轩率一部去小清河以南作战；政委李曼村和马晓云率一部拔除青城县王家庄据点。8 月 10 日，在攻打王家庄据点时，马晓云不幸牺牲，时年 38 岁。

马耀南、马晓云、马天民一家三兄弟，都为抗日牺牲。徐向前亲笔题词："马耀南、马晓云、马天民烈士永垂不朽。"

马晓云的后人马可说："马家一门三英烈，他们不怕牺牲、舍小家为大家的爱国主义精神和红色革命精神一直激励着我们，我们也会永远将这种精神传承下去。"

陈宝凤

"爆炸大王"震渤海

陈宝凤，山东高青人，1925 年出生，乳名大安子。1941 年加入民兵队参加抗战，曾被选派到鲁南、胶东学习各种地雷的特点、埋法，掌握了借助地形、地物埋藏地雷的技巧。1943 年加入中国共产党。1944 年 2 月，陈宝凤带病在通往高苑县城的公路上埋地雷，不慎牺牲，年仅 19 岁。

"地雷像个铁西瓜，刨个窟窿埋上它，轰隆一声炸天响，鬼子统统见阎王……"在"爆炸大王"陈宝凤的家乡山东省高青县，一提起这位抗日英雄，几乎妇孺皆知。

陈宝凤，山东高青人，1925年出生，乳名大安子。1941年加入民兵队参加抗战，曾被选派到鲁南、胶东学习各种地雷的特点、埋法，掌握了借助地形、地物埋藏地雷的技巧。1943年加入中国共产党。

1941年，日军在山东境内的高苑一带实行"囚笼"封锁策略。魏家堡是交通咽喉要地。1941年底，陈宝凤率领"飞行爆炸组"在高苑通往魏家堡的公路上埋设地雷，炸死日军4名，炸毁汽车1辆。这次胜利对爆炸组是一个大大的鼓舞。1942年春，陈宝凤在魏家堡附近布下地雷，炸死修建炮楼的敌人4名，迫使敌人暂停修建炮楼工事。1943年夏，陈宝凤埋下"连环雷"，炸死十几名日军、伪军。

在连续遭遇地雷战打击后，日军被迫派出大批排雷工兵进行排雷。为此，陈宝凤又成功研制出"二起雷"，为避免敌人识别，他还用马蹄、轮胎、布鞋、皮鞋等各类印膜在埋有地雷的干土上留下痕迹，让敌人防不胜防，成功炸死多名排雷工兵。

为了不暴露目标，陈宝凤埋地雷几乎都选在晚上，但这也容易对周边群众造成伤害。每次埋完雷，他都会一直守在附近，及时阻止不知情的群众靠近。有时他带的干粮早已吃光，但他仍坚持埋伏在草丛中，一直到爆炸任务结束。

1944年2月，陈宝凤带病在通往高苑县城的公路上埋地雷，不慎牺牲，年仅19岁。

陈宝凤壮烈牺牲后，渤海军区召开人民武装代表大会，追认陈宝凤为"民兵英雄""特等爆炸大王"，并决定在全区普遍建立"大安子爆炸组"，广泛开展"大安子爆炸运动"。

英雄虽去，精神永存。"爆炸大王"的故事一直在当地代代传颂。在高青县革命烈士纪念馆里的陈宝凤英雄事迹展板前，参观者常常驻足观看，深情缅怀。1973年，著名国画家乍启典等还绘制了连环画《丁寨铁西瓜》，陈宝凤就是主人公丁大安的创作原型。

陈宝凤的堂弟、83岁高龄的陈宝贵时常被邀请为附近学校的学生讲述"爆炸大王威震渤海"的故事。陈宝贵说，陈宝凤是他们家族的骄傲，更是人民的英雄，他不怕牺牲、顽强抗日的精神激励了一代又一代人，他将继续讲好英雄故事，把革命精神永远传承下去。

高小安

挥百倍精神　为民族解放

高小安，原名高瑞泉，化名林海山。1916年5月6日出生于河北省滦南县安各庄村。1930年参加革命工作。1932年加入中国共产党。高小安亲自指挥并参与指挥了戟门战斗等著名战斗，受到晋察冀军区通令嘉奖。1944年3月19日，驻滦县偏凉汀日军进行"侦察扫荡"。战斗中高小安为接应和掩护战友把坦克引向自己，身中数弹，壮烈牺牲，时年28岁。

快往村里撤！不要上来，谁上来打死谁！

——高小安

在河北省唐山市滦南县安各庄镇安各庄村西，耸立着一座亭檐下刻着"高小安烈士纪念亭"几个大字的亭子。这是 1946 年滦南县第四区为纪念英勇牺牲的高小安烈士而修建的。

高小安，原名高瑞泉，化名林海山。1916 年 5 月 6 日出生于河北省滦南县安各庄村。在地下共产党员姚洗尘的教育下，接受了新思想。1930 年参加革命工作。1932 年加入中国共产党。他在安各庄及附近地区走家串户，发动群众，积蓄力量。1935 年 8 月，由京东特委介绍，高小安和丰润县委接上关系，将农民武装队伍改编为路南游击小队。

1936 年 1 月起，高小安任丰滦边游击队长，带队活动于曾家湾等地至渤海沿岸，支持农民反地主，带领渔民反渔霸，组织盐民反"缉私"。全国抗战爆发后，根据党的方针，高小安率千余人支持冀东抗日大暴动，被任命为冀东抗日联军第十三总队总队长，所部最多达 2000 余人。

1938 年 10 月初，抗联队伍西撤，高小安率领的第十三总队成为唯一一支留在冀东的暴动总队。日伪疯狂杀害暴动人员及其家属，白色恐怖笼罩着冀东大地。高小安把队伍化整为零，吃糠露宿，灵活机动地开展抗日游击活动。

1941 年 1 月，高小安到中国人民抗日军事政治大学第二分校展开为期一年的学习。次年"抗大"结业后高小安回到冀东，协助地方政权开辟地区，筹建人民武装。半年时间开辟出 100 多个村庄，建立了迁滦卢联合县第五总区，军队和地方建党建政工作发展巨大。后调任晋察冀军区第十三军分区第一区队副区队长。

高小安亲自指挥并参与指挥了戟门战斗等著名战斗，受到晋察冀军区通令嘉奖。在高小安的影响下，先后有几十名亲属追随他闹革命，9名亲属为民族解放献出生命。

1944年3月19日，驻滦县偏凉汀日军出动4辆坦克、3辆大板车以及百余名伪军进行"侦察扫荡"。战斗中高小安为接应和掩护战友把坦克引向自己。此时他腿部受伤，大家争着上来抢救，但他大声命令："快往村里撤！不要上来，谁上来打死谁！"在坦克的密集火力扫射下，高小安身中数弹，壮烈牺牲，时年28岁。

1946年12月，滦南县第四区人民在安各庄村为高小安烈士建立了纪念亭，1952年高小安遗骨葬入华北烈士陵园，1958年在冀东烈士陵园设立虚墓并建纪念碑。

滦南县党史办主任田洪海说："高小安烈士身上体现了身怀民族大义、追求独立自由的革命精神。滦南人民正在先辈的英雄事迹和牺牲精神激励下，意气风发地进行着各项建设。"

何万祥

滨海军区战斗英雄

何万祥，1915年出生，甘肃宁县人，原姓朱，1931年冬参加红军后更名为何万祥。1936年加入中国共产党。1940年1月，何万祥任第115师教导2旅第6团2连连长。此后，何万祥先后参加了赣榆战斗、歼灭伪军朱信斋部等四百多次大小战斗。1944年3月25日夜，鲁中军区组织讨伐"铁杆汉奸"吴化文，何万祥在率部进攻伪军炮楼时，喉部中弹，壮烈牺牲，时年29岁。

"我们记得在西北高原上，你离别了你的牛羊，走进毛泽东队伍，从此一生在战场……可是你永远活在咱心上，我们的连长啊何万祥！"在山东抗日根据地和何万祥的故乡甘肃宁县广为传颂着这样的歌谣。

何万祥，1915 年出生，甘肃宁县人，原姓朱，1931 年冬参加红军后更名为何万祥，在红 26 军第 42 师第 3 团当战士。1936 年加入中国共产党。

"何万祥自小给地主放羊喂牛，受尽磨难，16 岁时，他参加了刘志丹领导的陕甘工农红军，从此走上革命道路。他个子不高，站队时常在排尾，但机智勇敢，作战时总冲锋在前。"原宁县党史办主任贺柏林介绍。1936 年 2 月，红军东渡黄河，何万祥报名入选了"渡河先遣队"。经过认真的地形侦察和渡河训练，他和战友们成功抢渡黄河，一举攻破了阎锡山吹嘘的"攻不破的防线"，被誉为"渡河英雄"，受到军团首长的高度赞扬。

战斗让英雄成长。抗日战争全面爆发后，何万祥所在的部队改编为八路军第 115 师。1940 年 1 月，何万祥任第 115 师教导 2 旅第 6 团 2 连连长。此后，何万祥先后参加了郯城战斗、赣榆战斗、歼灭伪军朱信斋部等四百多次大小战斗，他勇猛果敢，能攻善守，带领所部战士屡立战功，是山东军区有名的战斗英雄。

1944 年 1 月，在歼灭伪军朱信斋部的战斗中，由于伪军构筑的工事密集坚固，兄弟部队屡次攻击未果，何万祥奉命带领部队担任主攻任务。他带领部队充分利用地形地貌作掩护，巧妙安排攻击战术，勇敢冲锋在前，一个掩体一个掩体地攻克推进，圆满完成了攻击任务，并活捉了伪军头目朱信斋。此次战斗的胜利，有力地巩固了根据地建设。为此，滨海军区司令部授予何万祥"战斗英雄"称号。

1944 年 3 月 25 日夜，鲁中军区组织讨伐"铁杆汉奸"吴化文，何万祥在率部进攻大泉庄虎山山顶的伪军炮楼时，喉部中弹，壮烈牺牲，时年 29 岁。

为了表彰和纪念何万祥，山东军区将此次战斗缴获的重机枪命名为"何万祥重机枪"，将他率领的连队命名为"何万祥连"。山东军区文工团还以何万祥英雄事迹为题材，创作了歌曲《我们的连长何万祥》，在山东地区抗日军民中广为流传。

王克山

青春之鹰征途未竟
战斗英雄浩气长存

　　王克山，生于1919年，山东寿光人，从小家境贫寒。1940年初冬，参加八路军，同年编入八路军胶东军区第5旅13团2营4连，踏上抗日救国征途。1944年4月，八路军驻防的莱阳县王家夼遭日伪军突然袭击。危难时刻，王克山奉命率领2班向村东南方向突围。激战中，王克山的子弹打光，就同敌人展开了拼刺战，不幸牺牲，年仅25岁。

　　初春时节，英灵山上，松柏苍翠，"胶东军区战斗英雄"王克山在这里长眠。

　　王克山，生于1919年，山东寿光人，从小家境贫寒。1940年初冬，参加八路军，同年编入八路军胶东军区第5旅13团2营4连，踏上抗日救国征途。

　　王克山每次战斗总是争着领最艰巨的任务，打起仗来冲锋在先，撤退在后，挂彩不下火线。战斗的洗礼、革命烈火的考验，把王克山熔炼成坚强无畏、机智勇敢的战士。

　　1943年，王克山所在的13团2营4连在掖县马山与日军遭遇。王克山身强胆大，勇猛过人，又有跟日军徒手交锋的经验，击毙伪军1人，俘虏伪军1人，缴获机枪1挺。

　　1944年春，13团奉命攻打莱阳河源西沟，这是伪军赵保原老巢的屏障，有守军2000余人，装备优良，并筑有9座长方形大碉堡。赵保原以此与莱阳城、马连庄的日伪军犄角相助，互相配合，多次进犯根据地，成为胶东军民的心腹大患。为打好这一仗，王克山自告奋勇，化装成商贩，暗入河源西沟密画地图，潜探情况，为制定作战计划提供了重要情报。经过慎重谋划，13团将士在敌军到河源西沟看戏的夜晚发动了突然袭击，激战一晚，炸毁了敌人的5个大碉堡，彻底摧毁了河源西沟据点。王克山在战斗中头部负伤，但仍坚持作战，一人就炸掉3个大碉堡，创造了胶东军区连续爆破的新纪录，被胶东军区授予"爆破大王"的光荣称号。同年3月，王克山加入中国共产党。

　　1944年4月，八路军驻防的莱阳县王家夼遭日伪军突然袭击。危难时刻，王克山奉命率领2班向村东南方向突围。激战中，王克山的子弹打光，就同敌人展开了拼刺战，不幸牺牲，年仅25岁。

在短短 3 年多的革命生涯中，王克山经历了大小 50 多次战斗，为祖国和人民奉献了自己宝贵的青春。1944 年 7 月，胶东军区召开首届战斗英雄代表大会，追认王克山为"胶东军区战斗英雄"。1945 年 8 月，胶东行政公署将王克山的遗体移葬英灵山烈士陵园，与战斗英雄任常伦、胶东军区特等劳动模范王彩春合冢为"三英墓"。陪伴他们的，还有抗战期间在胶东大地牺牲的两万多名烈士。

吕公良

铁骨柔情、视死如归的
硬汉将军

吕公良，原名吕周，1903 年 2 月 20 日出生，浙江开化人。全面抗日战争爆发后，吕公良以其出色的作战指挥能力得到快速升任。1943 年冬吕公良任第 15 军新编 29 师师长，1944 年兼任河南许昌警备司令。1944 年春，日军集结大部队大举进犯豫中，全面打通平汉铁路，攻取洛阳和豫西广大地区。因敌我力量悬殊，5 月 1 日，日军攻占许昌城，吕公良壮烈牺牲。

我身为堂堂中国军人，沙场捐躯，虽死犹荣，岂能丧失民族气节为人耻笑！

——吕公良

　　"战事稳定下来，敌人打走后，再接你到前方来，痛快地住几天……我已充分准备，打仗是军人的本分……当军人不打仗还有何用？"1944年4月，面对进犯许昌的日寇强敌，吕公良给妻子写下了这样一封信。那铁骨柔情的眷恋、视死如归的气魄穿越时空而久久激荡，鼓舞着一代代浙西群众奋勇前进。

　　吕公良，原名吕周，1903年2月20日出生，浙江开化人。吕公良自幼聪颖好学，平时喜爱去茶馆听说书，尤其喜欢听岳飞、文天祥等民族英雄的故事。好学的他练就了一手遒劲端庄的好字，时常帮左邻右舍写对联。在开化县华埠镇的"七七亭"上，至今还留有吕公良题的对联。

　　1923年，吕公良在衢县第八中学师范部读书，他追求进步，经常以革命思想为主题为同学们题词。1926年，他目睹国家山河破碎、民不聊生的社会现状后，决定投笔从戎。父亲吕云章劝他为家业和妻儿着想，不要去部队。但他矢志不移，最后只身跑到广东，寻找岳父的朋友、在黄埔军校工作的张育夫。

　　在张育夫的鼓励下，吕公良集中精力备考，考入黄埔军校第六期。因崇拜孙中山先生，故以其题词"天下为公"而正式改名为吕公良。

　　1928年毕业后，吕公良分配在国民党军第89师任见习排长、连长。全面抗日战争爆发后，吕公良以其出色的作战指挥能力得到快速升任：1937年10月升任第89师参谋长，后参加台儿庄会战，并升任第85军参谋长；1941年春升任第31集团军高级参谋，后任华中抗日总队第5纵队司令、周家口警备司令等职；1943年冬吕公良任第15军新编29师师长；1944年兼任河南许昌警备司令。

　　1944年春，日军集结大部队大举进犯豫中，全面打通平汉铁路，攻取洛阳和豫西广大地区。4月29日，日军全面包围许昌城。3000名中国将士对8万日军，装备上更是存在着极大的差异，但新编29师打得堪称英勇顽强，寸土不让，给日军以重创。当时吕公良身着整齐的黄呢将军服，在部队中十分显眼，部下苦劝他更换便衣，但吕公良凛然正色道："我身为堂堂中国军人，沙场捐躯，虽死犹荣，岂能丧失民族气节为人耻笑！"

因敌我力量悬殊，5月1日，日军攻占许昌城，吕公良壮烈牺牲。1986年，吕公良被民政部追认为革命烈士。

2004年，开化县华埠镇在镇西橙山林园南侧的山岗上修建了吕公良革命烈士陵园，作为爱国主义教育基地。于是"七七亭"顺理成章地迁徙到此，吕公良烈士的骨灰也从杭州移葬到"七七亭"后侧。如今，每年开化县都会在该陵园开展爱国主义和革命传统教育。2018年9月，华埠镇中心小学举行了纪念抗日战争胜利73周年暨吕公良铜像落成揭幕仪式。

李家钰

"男儿欲报国恩重，
死到沙场是善终"

李家钰，1890年出生在四川省浦江县大兴镇。全面抗日战争爆发后，时任第47军军长的李家钰主动请缨杀敌。1944年，日军集结14万重兵发动豫中会战，先后占领郑州、许昌、洛阳等地。第36集团军总司令李家钰奉命率部进至河南陕县阻击日军，5月21日，在陕县秦家坡旗杆岭，李家钰和200余名总部官兵遭到日军伏击，壮烈牺牲。

抗日救国出四川，不灭倭寇誓不还。埋骨何须桑梓地，人间到处是青山。

——李家钰

在成都市蒲江县大兴镇炉坪村3组，有一个农家小院很特别，走进大门，左边是普通民居，右边是三间古朴空房。如果不是门口路边那块"李家钰故居"的青砖石碑，你很难把这里与名震大江南北的一代抗日名将联系在一起。

李家钰，1890年出生在四川省蒲江县大兴镇，1909年考入四川陆军小学堂第四期，1911年毕业后，又先后在四川陆军军官学堂、南京陆军军官预备学校学习。

全面抗日战争爆发后，时任第47军军长的李家钰主动请缨杀敌，率部转战河北、山西、河南等地，1939年任第36集团军总司令，1944年5月遭遇日军伏击壮烈殉国，被国民党政府追赠为陆军上将。1984年，经四川省人民政府批准，李家钰被追认为革命烈士。2014年，经中共中央、国务院批准，李家钰被认定为著名抗日英烈。

"他生前极少回到这里。当时村民只知道这个'李矮子'进村下马，对人随和，乐善好施，哪知道他还是第二个战死抗日疆场的集团军司令官。"李家钰的"邻居"高天福说。

"抗日救国出四川，不灭倭寇誓不还。埋骨何须桑梓地，人间到处是青山。"1937年10月，李家钰在抗日动员誓师大会上"以诗言志"，率领104师、178师步行北上。

长治是晋东南重镇。1938年2月19日，日军在飞机大炮助威下开始攻城。李家钰令104师312旅旅长李克源率624团守城。21日，长治北门被日军大炮轰开，川军与敌肉搏，千余人阵亡，日军伤亡也在千人以上，成为"山西东南角抗战中最悲壮的一幕"。

1944年，日军集结14万重兵发动豫中会战，先后占领郑州、许昌、洛阳等地。第36集团军总司令李家钰奉命率部进至河南陕县阻击日军，掩护40多万友军撤退。5月21日，在陕县秦家坡旗杆岭，李家钰和 200 余名总部官兵遭到日军伏击，壮烈牺牲。从主动请缨出川抗日，到血洒旗杆岭，李家钰用生命践行了铮铮誓言。

李家钰之子李克林说，父亲留给他终身不忘的印象，是遗体运回成都时，灵柩队伍中"遗笔亭"上的 14 个大字"男儿欲报国恩重，死到沙场是善终"和"血衣亭"上那弹痕累累、血迹斑斑的呢军大衣与浸透了血迹的圆口布鞋。

抗战期间，李家钰也与八路军结下了深厚友谊。他总结实战经验，发现敌我力量悬殊，我军不能和日军硬拼。于是，他就和八路军交朋友，派干部去八路军驻地学习游击战术，还亲自请八路军 129 师师长刘伯承为 47 军营以上干部讲授战略战术。

"毛主席《论持久战》那篇文章……军内发现有人传阅，他也找来看过一遍。连他们的钧座也公开阅读，并向高级军官推荐，很佩服毛泽东对中日战争的卓识远见，说那是一篇最权威、最有说服力文章。"李家钰的一名高参曾向中共党员谢丰回忆这段往事。

旗杆岭上烽烟散，爱国精神长流传。蒲江县史志办杜黎云、龙中华等老同志认为，李家钰将军能从一个旧军人演变成爱国主义典范，是在特殊环境中有一种凝聚力的召唤——那就是伟大的爱国主义精神。今天，这种精神的凝聚更是强国之支柱。

如今，将军的家乡炉坪村党群服务中心已建起"李家钰将军陈列室"。村干部告诉记者，这里陈设了李家钰的家世谱系、书札信函、题咏追赠等史料，成为青少年爱国主义教育基地。

在将军故居，高天福拿出一本 16 开的彩印传记说，经常有人来这里，他很乐意当一名义务讲解员，希望这种誓死报国的精神能被更多人所铭记、传承。

黄魂

热血忠魂　浩气长存

黄魂，原名符权重，1903年出生于琼山石桥乡。1926年3月，黄魂在琼山中学加入中国共产党，成为该校第一批共产党员。1944年4月，黄魂被任命为琼崖独立总队政治部主任，奉命回独立总队部赴任。5月途经昌感县四荣乡上荣村附近时，与日军"扫荡"马队遭遇，在激战中黄魂身负重伤，为掩护战友撤退被俘，壮烈牺牲。

（黄魂同志）对革命从未表示悲观、灰心或气馁，对革命工作永远是镇定、积极，对革命必然胜利的前途永远是抱定乐观、充满希望。

——中共琼崖特委

初春的海南，阳光明媚，气候宜人。海口市金牛岭公园吸引了不少踏春的游客。沿着蜿蜒的水泥路步行十几分钟，便到了解放海南岛战役烈士陵园。一排白色大理石制成的墓碑格外醒目。这里安放着黄魂等六位琼崖纵队革命者的英魂。53 岁的符方标缓缓地走上台阶，来到黄魂的墓碑前，弯下腰，仔细地将碑身周围的几株小杂草拔去。"二叔公，我来看你了。"

黄魂原名符权重，1903 年出生于琼山石桥乡，家中排行老二。在符方标家里，记者看到黄魂唯一的一张"遗照"。照片中的黄魂仪表堂堂、浓眉大眼、鼻梁笔挺，相当威武。其实这并不是他本人的遗像，而是依照他弟弟符权贵的照片临摹的。

"我二叔公从小就是个好动的人，而且很爱打抱不平，敢说敢做。1922 年考进琼山中学读书后，受革命思想熏陶，更加活跃，是学生领袖之一，经常组织学生走上街头贴标语、发传单和演讲，大力宣传革命，揭露反动军阀互相勾结，瓜分琼崖的阴谋和罪行。"符方标说。

1926 年 3 月，积极参加各种革命活动的黄魂在琼山中学加入中国共产党，成为该校第一批共产党员。毕业后，黄魂又回到家乡和周边地区，成立农会，发展党员，建立支部。父亲符经安、哥哥符权尊和弟弟符权贵受其影响，也先后成为共产党员。

原琼山县党史办主任王万江曾对黄魂的事迹做过深入的调查研究："黄魂善于动'笔杆子'，对敌人也是有勇有谋。"

20 世纪 30 年代，由于敌人的疯狂"围剿"，琼崖革命处于风雨飘摇之中，此时宣扬革命思想的宣传阵地显得尤为重要。王万江介绍，1936 年 5 月，黄魂被任命为琼崖特委常委兼宣传部长，他撰写以及主持出版了一系列文章和刊物，对党员、群众的教育起到了积极的鼓舞作用。据资料记载，黄魂曾参与或负责主持出版过《特委月刊》《红旗报》《党团生活》《布尔什维克》《抗日新闻》等报刊。

1944 年 4 月，黄魂被任命为琼崖独立总队政治部主任，奉命回独立总队部赴任。5 月途经昌感县四荣乡上荣村附近时，与日军"扫荡"马队遭遇，在激战中黄魂身负重伤，为掩护战友撤退被俘，壮烈牺牲。

从入党到就义，18 年的时间，黄魂为琼崖的革命事业倾注了一腔热血。中共琼崖特委对黄魂做出了如此评价：黄魂同志参加革命十多年来，"对革命从未表示悲观、灰心或气馁，对革命工作永远是镇定、积极，对革命必然胜利的前途永远是抱定乐观、充满希望"。

英烈先去，浩气长存。如今，走进永沃村，村里的水泥路整洁干净，路旁间隔安装了路灯。不少村民盖起了楼房，一些村民正在田间地头忙碌着采摘反季节蔬菜大豆、辣椒等。村干部陈世荷说，深受革命先烈影响，村里现在有 24 名党员，这几年党员在脱贫攻坚、美丽乡村建设等工作中发挥了重要作用。"我们村党支部连续三年被省、市、区评为先进基层党组织，村容村貌变得越来越好，老百姓的日子更有奔头了。"

王甲本

铁骨铮铮的"硬仗将军"

王甲本，字立基，1901年8月出生于云南平彝（今富源县）。王甲本以善打硬仗出名，抗日战争中正面战场21次会战，他参加了其中的11次。1944年，日军发动旨在打通大陆交通线的豫湘桂战役。9月7日，王甲本带领军部直属部队进驻湖南东安县附近的一个小村庄。他率领军部手枪排与日军展开肉搏战，激战中被日军刺中腹部牺牲，后被追晋为陆军中将。

　　一张八仙桌、几只碗碟，这是王甲本留在故乡富源县为数不多的几样东西。但是在千里之外的湖南省东安县，抗日英雄王甲本将军之墓远近闻名，他捐资建设的富源县一中如今也已是书声琅琅，育人无数。

　　王甲本，字立基，1901 年 8 月出生于云南平彝（今富源县）。1918 年考入云南陆军讲武堂炮兵科，历任排长、营长。1929 年任国民革命军陆军第 51 师 151 旅旅长。1937 年任国民革命军陆军第 18 军 98 师副师长。先后参加了鄂西会战、第一、二、三次长沙会战、常德战役、衡阳战役，屡立战功。后升任第 79 军军长。

　　1944 年，日军为挽回败局，发动旨在打通大陆交通线的豫湘桂战役。9 月，日军以十余万兵力分三路进犯广西。79 军奉命在湖南零陵、东安一线阻击日军。9 月 7 日，王甲本带领军部直属部队进驻湖南东安县附近的一个小村庄。探知这一消息后，数千日军化装成友军和农民，向王甲本军部驻地袭击。王甲本亲自率领军部手枪排拼死反击，与日军展开肉搏战，激战中王甲本被日军刺中腹部牺牲，后被追晋为陆军中将。

　　富源县胜境博物馆馆长潘庭宏介绍，王甲本以善打硬仗出名，抗日战争中正面战场 21 次会战，他参加了其中的 11 次，其中包括淞沪会战、长沙会战、常德战役等。"他是一位真正的抗日英雄，爱国爱家乡，为了国家的利益不惜牺牲一切。"

　　王甲本将军最小的儿子王宁生介绍，王甲本将军一直秉持"中国人不打中国人的观点"，是抗日统一战线最坚定的践行者，与朱德、陈毅等革命前辈结下了深厚的友谊。"父亲曾经将 20 万发子弹支援给罗炳辉将军所在的新四军第五支队，他生前曾对部下官兵说，等抗日战争结束后要带着他们到大西北（延安）去看看。"

　　"父亲一生朴素，死后没有给我们留下什么钱财，只有他随身带着的八箱书，这些都值得我们后人世代学习。"王宁生说，自己正在整理父亲的作战记录本，希望流传给后代，牢记其英雄事迹。

彭雪枫

文武兼备的虎胆将军

彭雪枫，1907 年生于河南省镇平县。1936 年 9 月，毛泽东亲点彭雪枫担任"特使"，辗转半个中国，力促国共合作，"逼蒋抗日"，为我党争取在战略大环境中的有利局势。1938 年 1 月下旬，彭雪枫再次肩负毛泽东赋予的"开展豫西敌后游击战"的新使命，走上了运筹中原抗战的第一线。1944 年 9 月 11 日，彭雪枫在指挥河南夏邑八里庄战役时，被流弹击中，壮烈殉国，时年 37 岁。

在河南省夏邑县，有一座彭雪枫将军纪念馆，是为纪念壮烈殉国的彭雪枫将军所建。纪念馆馆长何向东说，这些年不断有群众自发到纪念馆参观学习，人数逐年增加，现已成为著名爱国主义教育基地。

彭雪枫，1907 年生于河南省镇平县。大革命时期，彭雪枫在党的影响教育下，接受了马列主义，开始了"出生入死，致力革命二十年"的光辉斗争历程。

1932 年 9 月上旬，红三军团师长郭炳生企图挟所属第五团叛变投敌。时任师政委的彭雪枫仅带随行武装潜行北上追了 5 天，将全体指战员带回来与主力会合，因此荣获"红星奖章"。

在中央红军第五次反"围剿"失败、进行战略转移的危难形势下，他调任中革军委第一局（作战局）局长，协助朱德、周恩来等进行军事指挥。在中央红军一渡赤水中，彭雪枫派出掩护部队，掩护中央纵队过河，进入川南；二渡赤水时，彭雪枫率领缩编后的红十三团，与兄弟部队一起，在二郎滩背水作战，为中央红军二渡赤水创造了条件。

攻打娄山关时，彭雪枫率领红十三团担任正面主攻任务。在兄弟部队的一起努力下，取得了战斗胜利，极大地鼓舞了全军士气。战斗之后，彭雪枫又率部向遵义方向猛追，与兄弟部队全歼守军，重占遵义。后来，他又在彭德怀等率领下，占领了老鸭山，取得了遵义战役的胜利。

彭雪枫英勇善战，一次次深入敌后险境，圆满完成党交给的特殊任务，堪称虎胆英雄。

1936 年 9 月，毛泽东亲点彭雪枫担任"特使"，辗转半个中国，力促国共合作，"逼蒋抗日"，为我党争取在战略大环境中的有利局势。1936 年 11 月，他第二次接受毛泽东的重托，与阎锡山进行谈判，表达了红军与晋军联合抗日的真诚愿望。

西安事变爆发后，彭雪枫沉着冷静地向阎锡山转达中共中央与毛泽东的抗战主张，促使其态度从反对到中立，再从中立转到"共维大局"的立场上来，为西安事变的和平解决，国共两党以及其他各势力的联合抗战做出了卓越贡献。

1937年卢沟桥事变爆发后，彭雪枫被任命为八路军总部参谋处少将参谋处长兼八路军驻晋办事处主任。这个办事处为八路军后来开赴抗日最前线铺平了道路。

1938年1月下旬，彭雪枫再次肩负毛泽东赋予的"开展豫西敌后游击战"的新使命，走上了运筹中原抗战的第一线。1939年2月，在开辟豫皖苏边抗日敌后根据地的战略决策下，彭雪枫率领部队挺进敌后，宛如一把利刃再次插入敌人心脏，取得了一次次胜利。

不幸的是，1944年9月11日，彭雪枫在指挥河南夏邑八里庄战役时，被流弹击中，壮烈殉国，时年37岁。

回忆起父亲，原第二炮兵政委彭小枫介绍，正是因为父亲始终对党忠诚，所以投身革命后，在一次次大小战斗和各种考验中，誓死忠于革命事业，用鲜血和生命书写了一名共产党人的本色。

在过去的几十年，一批又一批普通群众、工人和学生，不断来到夏邑县彭雪枫将军纪念馆参观学习，他的精神将激励一代又一代后来人。

任常伦

战斗英雄　名垂千古

任常伦，1921 年出生于山东省黄县（今龙口市）东南部山区孙胡庄村的一个贫苦农民家庭。1940 年 8 月，任常伦参加了八路军。1941 年加入中国共产党。1944 年 8 月，任常伦出席了山东军区战斗英雄代表大会，被选为主席团成员，并获山东军区一级战斗英雄称号。大会刚结束，日伪军就对牙山根据地进行扫荡。激战中，任常伦不幸头部中弹，壮烈牺牲，年仅 23 岁。

不让我打仗，我受不了！我不能眼睁睁看着鬼子横行霸道！

——任常伦

"战斗英雄任常伦，他是黄县孙胡庄的人，十九岁参加了八路军，打仗赛猛虎，冲锋在头阵……"这首《战斗英雄任常伦》的革命颂歌，至今仍传唱在"任常伦连"和英雄的家乡。

任常伦 1921 年出生于黄县（今龙口市）东南部山区孙胡庄村的一个贫苦农民家庭。

1940 年 8 月，任常伦参加了八路军，同年 10 月被编进八路军山东纵队五旅十四团二营五连。

从第一次战斗开始，任常伦就显露出英雄本色。入伍头几个月，由于我军武器缺乏，任常伦没有发到枪。1941 年 1 月，我军与日军在掖县（今莱州市）城南展开激战。任常伦负责往阵地送弹药，当他把最后一箱弹药运到阵地时，战友们的子弹已经打光，正在和敌人进行白刃战。他看到一个战友体力不支，立刻放下弹药箱，从背后猛地抱住敌人，战友趁势刺中了敌人肩膀。他乘机夺下敌人的大盖枪，回手一刺，结果了敌人。战斗结束后，营部把这支枪发给了任常伦。

入伍 4 年多，任常伦先后参加战斗 120 余次，9 次负伤，身上 11 处挂彩。每次负伤，他都是轻伤不下火线，重伤不叫苦，一直坚持战斗到底。1941 年，他光荣地加入了中国共产党。

1944 年 8 月，任常伦出席了山东军区战斗英雄代表大会，被选为主席团成员，并获山东军区一级战斗英雄称号。会议期间，有记者多次采访他，他总是谦虚地说："比起别的英雄，我做得还不够，还是写写别人吧，我只觉得想起毛主席，想起党，想起穷人受的苦，就什么也能豁上了。"

大会刚结束，日伪军就纠集 1000 余人，对牙山根据地进行扫荡。任常伦听到消息后，日夜兼程赶回部队。此时他已多次负伤，肩部嵌着弹片，身体还没有完全恢复。部队首长考虑到任常伦的身体状况，安排他休息几天。但任常伦坚持要求上前线，他说："不让我打仗，我受不了！我不能眼睁睁看着鬼子横行霸道！"

战斗打响了，顽抗的敌人在小钢炮、掷弹筒掩护下，抢占了制高点左侧的小高地，严重威胁着团指挥部和兄弟排阵地的安全。担任副排长的任常伦主动请战，带领九班夺取了小高地。不甘心失败的敌人，趁我方立足未稳，在猛烈炮火的掩护下，嚎叫着冲了上来。

任常伦和九班战士凭借"人在阵地在"的精神，连续击退敌人6次反扑。子弹打光了，就和敌人进行白刃战。激战中，任常伦不幸头部中弹，壮烈牺牲，年仅23岁。

为了纪念这位英雄，黄县人民政府将孙胡庄改名为常伦庄。他生前所在的连队被命名为"常伦连"，他的牺牲日被定为建连纪念日。他生前从敌人手里抢下的、创立卓越战功的"三八"大盖枪，被陈列在中国人民革命军事博物馆。常伦庄建起了任常伦英雄纪念馆，每年都有群众采取多种形式来此缅怀这位英雄。

马应元

抗日"特等杀敌英雄"

马应元，1921年出生在山西省武乡县马家庄村一个贫困家庭。1942年加入中国共产党，并成为村里的民兵指导员。1943年，马应元任蟠（龙）武（乡）线飞行射击爆炸组组长。1945年1月，马应元在马家庄村突围战斗时被俘，敌人用尽酷刑，还抓来其母亲和妻子逼迫他投降，均被他严词拒绝，后被杀害，年仅24岁。

每逢清明，75 岁的山西省武乡县马庄村村民马占标都会回到曾经居住的马家庄村祭拜，那里埋葬着他的父亲——抗日"特等杀敌英雄"马应元。"日夜出击蟠武线，飞行爆炸显神威"，马应元的事迹，至今仍在当地传颂。

马应元，1921 年出生在山西省武乡县马家庄村一个贫困家庭，放羊打猎的日子，造就了他宁折不屈的倔强性格。1938 年，马应元参加了青救会，1940 年参加抗日游击小组，秋季加入民兵组织，配合八路军打游击。在著名的长乐村战斗中，他曾为部队带路送信，转运战利品。

1942 年，马应元加入中国共产党，并成为村里的民兵指导员。在反击日伪军"清剿"和"蚕食"的斗争中，他带领马家庄民兵队，搞侦察、报敌情、捉"舌头"、除汉奸、缴武器、截物资，曾多次从段村镇大据点夺回被日军抢走的耕牛、羊群和粮食、蔬菜等。在与敌人长期斗争中，马应元练就了娴熟的枪法。

1943 年，马应元任蟠（龙）武（乡）线飞行射击爆炸组组长。在浊漳河两岸，他带领飞行射击爆炸组运用"麻雀"战术歼灭小股敌人，配合八路军夜袭段村敌据点，又用"地雷加冷枪"等游击战术，打了多场胜仗。7 月反"扫荡"中，马应元的飞行射击爆炸组在蟠武公路上布雷 13 处，炸死炸伤日军 90 余人，缴获步枪 11 支，子弹 500 多发。因领导马家庄民兵飞行射击爆炸组封锁蟠武公路，马应元荣获八路军太行军区第三军分区"飞行射击爆炸英雄"称号。

1944 年 11 月，马应元在太行区首届群英大会上，被授予"民兵杀敌英雄"称号和锦旗一面，上面写着："日夜出击蟠武线，飞行爆炸显神威。"

1945 年 1 月，马应元在马家庄村突围战斗时被俘，敌人用尽酷刑，还抓来其母亲和妻子逼迫他投降，均被他严词拒绝，后被杀害，年仅 24 岁。1946 年 12 月，太行区第二届群英大会追认马应元为"特等杀敌英雄"。

2014 年，民政部公布首批 300 名抗日英烈和英雄群体名录，马应元名列其中。"他是其中唯一的太行区民兵英雄烈士。"八路军太行纪念馆研究部主任郝雪廷介绍道。

在武乡县的里庄滩，有八路军零散烈士集中安葬区。这里曾举行过两次集中安葬仪式，共有 2262 名烈士在此长眠，马应元的纪念碑也在这里。"父亲是个很勇敢的人，希望更多人了解他的故事。"马占标说。

张洪仪

微山湖上谱写抗日赞歌

张洪仪，回族，1912年出生，山东郯城人。1936年8月加入中国共产党。1942年3月，张洪仪被任命为鲁南军区第一军分区政治部主任。1943年底，张洪仪任铁道游击队第三任政委。1945年夏，张洪仪带领警卫员和一名队员返回接应后面尚未突围的战士，在接应掩护时中弹受伤。张洪仪在送往医院后牺牲，时年33岁。

在山东费县烈士陵园，每天都有前来参观学习的干部、群众，在缅怀革命先烈的同时，接受爱国主义教育。鲁南铁道游击队杰出领导人之一、革命烈士张洪仪的遗体被安葬在烈士陵园内。

张洪仪，回族，1912年出生，山东郯城人。1931年考入枣庄中兴公司职业中学工科班。1935年"一二·九运动"爆发后，张洪仪投入到枣庄的学生爱国运动中。1936年8月加入中国共产党。

1937年全国抗战爆发后，张洪仪和同学创办《抗敌报》，参加抗日宣传斗争。1938年5月，张洪仪组织进步学生奔赴抗日前线，加入中国共产党领导的鲁南人民抗日义勇总队，先后任中队指导员、三大队副教导员、教导员。

1942年3月，张洪仪被任命为鲁南军区第一军分区政治部主任。在极为艰难的形势下，他坚决执行党组织决议，积极开展宣传工作。他带领"反战同盟"人员，晚上背着电话机，接到日军电话线上，点名找日伪军官通话，向其进行反战宣传，搞得日伪军惶惶不安。

1943年底，张洪仪任铁道游击队第三任政委。日军为确保交通运输，对铁路加强了控制，并不断外出"清剿扫荡"。为避日军锋芒，保存实力，张洪仪等率领铁道游击队，转入微山湖一带活动，在那里开辟根据地，并不时到铁路沿线骚扰日军。

1945年夏，张洪仪率铁道游击队在滕县北楼、大官庄一带活动。一天深夜，日军突然包围了营地，张洪仪立即指挥全体人员顶住了数倍于己的日军，冲出包围圈。

当铁道游击队撤到青山头时，发现四周都有日军包围。张洪仪要铁道游击队队长刘金山带领部队突围，他带少数人员留下掩护。刘金山考虑到他的安全，没有同意。这时，日军从南边发起攻击，张洪仪和部队集中兵力猛烈还击，打退了日军。张洪仪和刘金山又出其不意，从东北方向突围。为了摆脱日军的追击，部队疾速前进。张洪仪带领警卫员和一名队员返回接应后面尚未突围的战士，在接应掩护时中弹受伤。张洪仪在送往医院后牺牲，时年33岁。

如今，在张洪仪担任政委的铁道游击队发源地枣庄市铁道游击队纪念园内，不时有人驻足，仰望着矗立于纪念碑顶端的游击队战士的铸铜塑像。铁道游击队纪念园管理处主任赵曰标告诉记者，依托铁道游击队传统红色资源优势，为全国各地干部、群众提供党性教育和爱国主义教育，现在该园已成为一种常态。作为"全国爱国主义教育示范基地"的铁道游击队纪念园，每年来此参观受教育者近100万人。

曹世范

"单手战斗英雄"

曹世范，1924年5月出生。1940年参加八路军，编入鲁中军区一团青年队。1943年6月，曹世范加入中国共产党。1945年5月，在昌乐县攻打杏山子据点的战斗中，曹世范空手冲入溃退的伪军中，夺下一门迫击炮。就在战斗临近结束时，曹世范不幸负伤，因伤势过重，于6月23日牺牲，年仅21岁。

阳春三月，在山东寿光城北40余公里外的曹家辛庄，柳枝吐绿，一排排房屋在小清河入海口的平原上铺展。这里是"单手战斗英雄"曹世范的家乡。

曹世范，1924年5月出生。1940年参加八路军，编入鲁中军区一团青年队。他年龄虽小，但作战非常勇敢。在大柏山战斗中，击毙3名日军，缴获3支步枪。在攻打北阴村的战斗中，他左手中弹致残。首长多次劝他到后方生产基地工作，他拒绝了领导的照顾，坚决要求当侦察兵。1943年6月，曹世范加入中国共产党。

1944年夏，曹世范和战友张成利到于家岭侦察，被敌人包围，他沉着机智，一面向敌人喊话，麻痹对方；一面乘其不备，打死逼上来的敌人。在突围中，战友张成利腿部负伤，曹世范搀扶着战友，且战且走，声东击西，先后毙敌官兵12人，最后胜利突围。此事被当地群众传颂为"一个神八路"。山东军区政治部主任肖华称他为"单手战斗英雄"。山东鲁中军区司令员王建安、政委罗舜初联合发出慰问信，并号召向曹世范学习。山东军区授予他"一等战斗英雄"称号。

1945年春，山东纵队决定解放蒙阴城。为了配合攻城，曹世范与战友奉命潜入城内，与地下党组织取得联系，在他们的策应下，详细掌握了日军情况，炸毁了日军的一个炮楼。趁敌人慌乱之机，曹世范翻墙越院，走胡同，转小巷，单手拿枪，采取快速运动战。敌人被他搞得晕头转向，惊慌失措，互相射击。曹世范趁机出城，安全返回团部。随后，他又参加了爆破队，与部队一起攻克蒙阴城，全歼守敌。不久，曹世范任副排长。

1945年5月，在昌乐县攻打杏山子据点的战斗中，曹世范空手冲入溃退的伪军中，夺下一门迫击炮。就在战斗临近结束时，曹世范不幸负伤，因伤势过重，于 6 月 23 日牺牲，年仅 21 岁。

为纪念曹世范，鲁中军区发出通令，将昌乐县的杏山子命名为"世范山"。鲁中军区一团公葬曹世范烈士，在临沂县城为他树碑建冢。1965 年 5 月，中共寿光县委将烈士遗骨迁葬于寿光革命烈士陵园，为烈士建立"壮烈可嘉"纪念碑。2014 年 8 月，曹世范被列入民政部公布的第一批著名抗日英烈和英雄群体名录。

如今，每到清明节等重要节假日，都会有许多人来到寿光革命烈士陵园，敬仰、缅怀英雄曹世范。他机智顽强、不怕牺牲的革命精神感染了一代又一代人，激励着人们为中华民族的伟大复兴做出更大贡献。

才山

驰骋冀东的辽西赤子

才山，原名治安，又名维诚。1911年出生于辽宁省黑山县。1935年到绥远西部垦区参加平西根据地的创建工作，1937年加入中国共产党。1939年，抗日先锋总队与冀东人民抗日联军合并。才山任八路军冀热察挺进军第10团参谋长。1945年7月3日，才山和60多名文艺战士在遵化县杨家峪被日伪军包围。才山等十几名同志为掩护战友突围，与敌激战，才山壮烈牺牲，时年35岁。

古道青石凉，烈士林间葬。初春的华北军区烈士陵园，松柏苍翠，庄重肃穆。抗战胜利前夕英勇牺牲的才山烈士，就长眠于此。

才山，原名治安，又名维诚。1911 年出生于辽宁省黑山县。1935 年到绥远西部垦区参加平西根据地的创建工作，1937 年加入中国共产党。全国抗战爆发后，和白乙化等一起参加了垦区暴动，在党的领导下参与组建"中华民族抗日先锋总队"，并任中队长。1938 年，被派到八路军第 120 师第 359 旅学习参谋业务，后担任抗日先锋总队大队长。

1939 年，抗日先锋总队与冀东人民抗日联军合并。才山任八路军冀热察挺进军第 10 团参谋长，与团长白乙化并肩抗敌。他利用来往护送干部的机会，观察地形，了解敌情，并在适合建立落脚点的山区储存了大量军需物资。1940 年，根据上级指示，才山和第 10 团的广大官兵共同开辟了丰（宁）滦（平）密（云）根据地。

才山善智谋，且有远虑，为第 10 团解决了不少重大困难。他从敌人那里弄来布匹、棉花，让千余名指战员穿上了棉衣，解决了全团过冬御寒的困难。1941 年秋，日军对丰滦密根据地进行疯狂大扫荡时，他储藏在山区的粮食，极大地缓解了部队缺粮的困境。

第 10 团的重要任务之一，是把来自延安、晋察冀军区、冀东等地的一批批军政人员安全送往抗日前线。1943 年夏，才山率部护送百余名干部去冀东敌后根据地，途中 3 次与日军遭遇。才山与敌人斗智斗勇，经过 3 个昼夜激战，几经艰险，终于冲出日军的包围圈，胜利完成护送任务。同年冬，才山由平北调冀东工作，任晋察冀军区第 13 军分区副参谋长。

1944 年，第 13 军分区成立军工处，才山兼管军工处工作，后任冀热辽军区副参谋长。由于冀东地区斗争环境残酷，所需弹药日增。为了解决部队武器弹药供应不足的问题，才山负责在兴隆山区建立兵工厂，制造机械弹药，增强了抗日军事实力。

1945年7月3日，才山和尖兵剧社、长城剧社的60多名文艺战士在遵化县杨家峪被日伪军包围。才山和尖兵剧社社长黄天等十几名同志为掩护战友突围，与敌人展开激战，才山壮烈牺牲，时年35岁。

新中国成立后，才山烈士被安葬在河北省石家庄华北军区烈士陵园。2014年9月，他被列入民政部公布的第一批300名著名抗日英烈和英雄群体名录。"才山烈士在生死存亡之际，牺牲自己、保卫他人的大无畏精神，将与这块土地这片林一起，永远留在人民心中。"华北军区烈士陵园副研究员王欣说。

王先臣

身先士卒的抗日英烈

　　王先臣，原名顺成，1915 年 11 月出生于江西省吉安县。1931 年参加中国工农红军，1932 年加入中国共产党。1934 年随红六军团长征，任 18 师 53 团共青团总支书记。1940 年 8 月，在百团大战中率部参加破袭德（州）石（家庄）铁路的战斗。1942 年 9 月，王先臣任冀中军区 6 分区司令员。1945 年 7 月 1 日，王先臣率部攻打赵县前大章敌据点。在战前侦察敌情时，被敌人击中胸部不幸牺牲，时年 30 岁。

"先臣同志在赵县大占村战斗中倒下了，这个伟大的一九四五年七月一日，我们是永远不会忘掉的。他生前对中国人民的贡献是伟大的……"江西省吉安县革命烈士纪念馆存放着一封悼念信，讲述的是抗日英雄王先臣的生平英勇事迹。

王先臣，原名顺成，1915 年 11 月出生于江西省吉安县永阳镇江南里陂村。1931 年参加中国工农红军担任司号员，1932 年加入中国共产党。1934 年随红六军团长征，任 18 师 53 团共青团总支书记。1936 年到达陕北后入红军大学学习。

1937 年全面抗战爆发后，王先臣任八路军第 120 师营教导员，随军赴山西抗日前线。1938 年，第 120 师组建特务团挺进冀中，王先臣任团政委。后所部与冀中民军合编为民众抗日自卫军，任 1 纵队政委。同年 7 月，率 1 纵队在武强县包围日伪军 200 余人，歼敌大半。10 月，击溃 3 个县日伪军的再次围攻。同年底，1 纵队改编为冀中警备旅 1 团，王先臣任团政委。

1940 年 8 月，在著名的百团大战中，王先臣率部参加破袭德（州）石（家庄）铁路的战斗。战前，他将部队组织成若干战斗小组，反复进行卸铁轨、道钉等技术训练，并准备了大批扳子、手榴弹、土炸药等武器。战斗中，他身先士卒，亲率爆破组、拔钉队行动，并指挥机枪手掩护同志们破坏路桥和炸毁涵洞，共破坏敌人铁路 40 余公里。在敌"模范区"赵县豆腐庄歼敌 300 余人，缴枪 200 余支，得到八路军总司令朱德和副总司令彭德怀的表扬。

1942 年 9 月，王先臣任冀中军区 6 分区司令员。他根据敌军大"扫荡"后的严酷形势，将部队化整为零，坚持平原游击战。1943 年初夏，王先臣亲率 31 区队，伏击晋县押送民夫的日伪军。经半小时激战，打死日伪军 30 余人，俘获 40 余名。同年冬季的一天，100 多名日伪军突然包围了赵县小吕村的一个区小队。王先臣此时正在附近，他马上指挥 3 大队两个排，兵分两路，突然猛扑上去，将敌人反包围，他们和区小队内外夹击，敌人措手不及，被打死 20 多人，活捉 10 多人。此后，王先臣率领 6 分区军民克服重重困难，坚持战斗，打开了在平原坚持抗日斗争的新局面。

1945 年 7 月 1 日，王先臣率部攻打赵县前大章敌据点。在战前侦察敌情时，被敌人击中胸部不幸牺牲，时年 30 岁。王先臣牺牲后，冀中 6 分区党政军民为其举行隆重追悼大会。

如今，每当清明节、烈士纪念日，吉安县都会组织中小学生来到革命烈士纪念馆，学习王先臣的英雄事迹，缅怀这位为国捐躯的革命先烈。

桂干生

战功卓著的骁将

桂干生，1911 年生，河南省罗山县人。1929 年 9 月加入中国共产党。1940 年起，桂干生任八路军第 129 师新编 9 旅旅长，冀南军区第 4、第 1 分区司令员，率部参加了百团大战和冀南地区反"扫荡"作战。1945 年 6 月，任新四军第 5 师干部队副队长，重返他战斗过的大别山区。7 月 7 日，过同蒲路时遭山西平遥县城之敌炮击负重伤，9 日凌晨牺牲，年仅 34 岁。

战功卓著的一员骁将。

——刘伯承、邓小平

"桂干生烈士的一生，彰显了'坚守信念、胸怀全局、团结奋进、勇当前锋'的大别山精神内核。"鄂豫皖革命纪念馆馆长吴世儒说，八路军优秀高级指挥员桂干生的事迹在位于河南信阳的鄂豫皖革命纪念馆展出以来，每年有30多万参观的观众受到教育，很多人为桂干生的英雄事迹潜然泪下。

桂干生，1911年生，河南省罗山县人。1929年9月加入中国共产党。1930年参加桂店农民暴动，任赤卫队中队长。后遭国民党军疯狂镇压，其父、兄、弟惨遭杀害，他率30多名赤卫队员突出重围，参加了中国工农红军，在第四方面军任排长、连长、营长、营政治委员、团政治委员。他参加了鄂豫皖苏区历次反"围剿"和川陕苏区反"三路围攻"。1934年8月，任红31军92师274团政治委员时，在川陕苏区反"六路围攻"中指挥夜袭青龙观战斗，击溃敌人两个旅，歼敌千余人，该团被方面军授予"夜袭常胜军"称号，他也被同志们称为"夜老虎"。1935年任红31军91师政治委员，参加了长征，所部担任全军后卫，经常饿着肚子作战和行军。1937年2月入抗日军政大学学习。

1937年全国性抗战爆发后，桂干生随八路军第129师主力开赴华北抗日前线。1938年2月后任第129师游击支队支队长、晋冀豫军区第2分区司令员、独立支队支队长，参加开辟晋冀豫边区抗日根据地的斗争。他带领部队机动灵活地与敌人斗争，破击铁路、袭击据点、伏击敌人运输车队等，不断给敌以沉重打击。

1940年起，桂干生任八路军第129师新编9旅旅长，冀南军区第4、第1分区司令员，率部参加了百团大战和冀南地区反"扫荡"作战。他坚决执行党的统战政策，重视对敌伪军的分化瓦解工作，成功地争取了伪军李成华部接受八路军的领导，有力地改变了冀南地区的斗争形势。

桂干生作战勇敢，身先士卒，曾 8 次负重伤。1942 年正是抗战最困难时期，他和战士们一样吃糠咽菜。考虑到他的身体特别虚弱，管后勤的同志给他搞了一点大米，他坚持分给大家一起吃，并把组织上发给他的残废金和微薄的津贴交了党费。

1944 年，桂干生入中共中央党校学习并疗伤。1945 年 6 月根据党中央的战略部署，任新四军第 5 师干部队副队长，从延安出发，重返他战斗过的大别山区。他拖着病体，告别临产的妻子，毅然踏上了征程。7 月 7 日，过同蒲路时遭山西平遥县城之敌炮击负重伤，9 日凌晨牺牲，年仅 34 岁。

噩耗传来，晋冀鲁豫军区司令员刘伯承、政委邓小平痛惜不已，称桂干生是"战功卓著的一员骁将"。

来鄂豫皖革命纪念馆参观的机关干部表示，桂干生烈士在艰苦革命战争年代，多次身负重伤，直到最后在反对外敌侵略的抗日战争中壮烈牺牲，谱写了壮丽的革命诗篇。

马立训

威震敌胆的爆破英雄

马立训，1920 年生，山东淄川（今淄博市淄川区）人。1944 年 5 月加入中国共产党。他不断革新爆破技术，在抗日战争中参加战斗 40 余次，采用偷爆、飞爆等爆破方式，完成了 20 余次爆破突击任务，炸死日伪军 500 余人，被誉为"爆破大王"。1945 年 8 月 3 日，在山东滕县阎村战斗中，马立训带领突击班执行爆破任务，越壕冲击时不幸牺牲，年仅 25 岁。

3月，山东省淄博市淄川区革命烈士陵园里已是春暖花开，在"爆破大王"马立训广场上，高大的马立训烈士铜像格外引人注目。参观者在这里停留驻足、敬献鲜花，向这位英雄表达崇高的敬意。

马立训，1920年生，山东淄川（今淄博市淄川区）人。他家境贫寒，12岁就到煤窑当小苦工，不久被招募入国民党军当兵。1940年4月被解放，参加了八路军山东纵队第四支队，历任班长、排长。1944年5月加入中国共产党。

他苦练杀敌本领，不断革新爆破技术，在抗日战争中参加战斗40余次，采用偷爆、飞爆、空爆、连环爆等爆破方式，完成了20余次爆破突击任务，炸死日伪军500余人，被誉为"爆破大王"。

1941年春，马立训协助战友炸毁莱芜吴家洼据点，炸死汉奸30余人。1942年7月，在攻打岳家村日伪军据点战斗中，他和战友总结爆破经验，利用军毯扎成炸药包，用手榴弹引爆，炸掉据点，全歼守军。同年8月，在山东泗水孙徐战斗中，马立训连续炸毁日伪军4座碉堡，炸死日伪军60余人。

1943年11月，在攻打鲁南柱子村战斗中，马立训执行偷袭爆破任务，接近日伪军炮楼时被敌发现。他隐蔽在壕沟内，用军帽吸引敌机枪火力，迂回近敌，炸塌守军圩墙和炮楼，为部队打开了进攻通路。

1944年5月，在攻打山东平邑县庞庄日军据点战斗中，马立训炸开第一道障碍后，利用有利地形，又主动炸开据点门楼，部队得以迅速通过突破口向纵深前进。同年7月，他出席山东军区英雄模范大会，被评为八路军山东军区"特等战斗英雄"。

1945年3月，在沙沟崖战斗中，由于国民党顽固派军队构筑的炮楼在斜坡上，难以实施爆破，马立训用木棍绑扎的支撑架，逼近炮楼后，将炸药包送至炮楼半腰，冒着守军机枪的扫射，紧紧撑住木架，直至爆炸前的瞬间才转身隐蔽，一举炸毁炮楼。

1945 年 8 月 3 日，在山东滕县阎村战斗中，马立训带领突击班执行爆破任务，越壕冲击时不幸牺牲，年仅 25 岁。

9 月，八路军鲁南军区命名马立训生前所在排为"马立训排"，滕县阎村为"立训村"，并在部队开展了"马立训式的爆破运动"。

"爆破大王"的故事一直在山东广为传颂。淄川区革命历史纪念馆专门设立了马立训烈士展室，参观者可通过声像、图片等资料了解这位先烈的英雄事迹。淄川区革命烈士陵园副主任韩国栋说，每到清明节等重要节假日，都会有许多群众来缅怀这位爆破英雄，他机智顽强、不怕牺牲的革命精神感染了一代又一代人，激励着人们继续奋斗，为祖国的繁荣富强和伟大复兴做出贡献。